闪光的日子 *Shining Days*

闪光的日子

青岛市崂山区
中小学班主任教育文集

青岛市崂山区教育和体育局　编

中国海洋大学出版社
·青岛·

图书在版编目（CIP）数据

　　闪光的日子：青岛市崂山区中小学班主任教育文集 /
青岛市崂山区教育和体育局编. — 青岛：中国海洋大学
出版社, 2021.4
　　ISBN 978-7-5670-2805-0

　　Ⅰ.①闪… Ⅱ.①青… Ⅲ.①中小学—班主任工作—
文集 Ⅳ.①G635.16-53

　　中国版本图书馆CIP数据核字(2021)第073142号

书　　名	闪光的日子：青岛市崂山区中小学班主任教育文集
	SHANGUANG DE RIZI: QINGDAOSHI LAOSHANQU ZHONGXIAOXUE BANZHUREN JIAOYU WENJI
出版发行	中国海洋大学出版社
社　　址	青岛市香港东路23号　　邮政编码　266071
出 版 人	杨立敏
网　　址	http://pub.ouc.edu.cn
订购电话	0532-82032573（传真）
责任编辑	王　晓
装帧设计	祝玉华
印　　制	青岛国彩印刷股份有限公司
版　　次	2021年8月第1版
印　　次	2021年8月第1次印刷
成品尺寸	158mm×220mm
印　　张	13
字　　数	267千
印　　数	1~1000
定　　价	39.00元

发现印装质量问题，请致电0532-58700168，由印刷厂负责调换。

班级管理

教育叙事

主题班会

课程案例

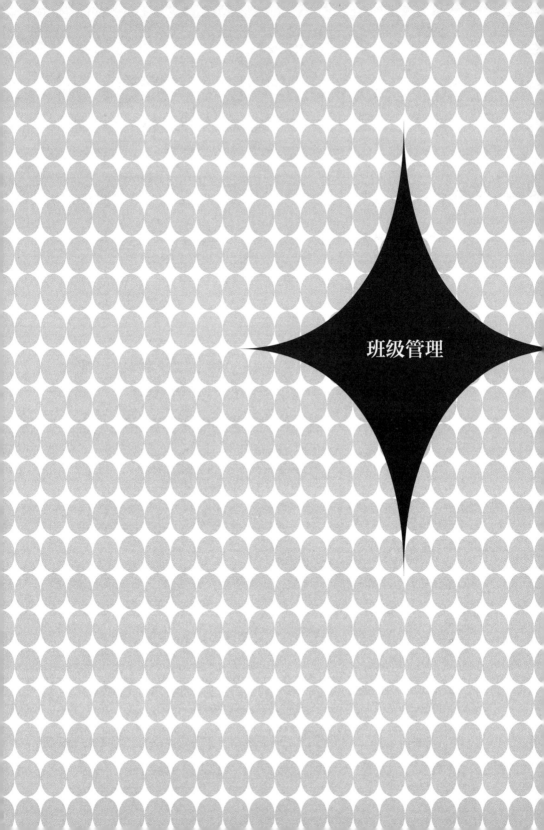

班级管理

巧创，儿歌助力管理

青岛市崂山区实验学校　车林琳

多年来，我一直担任低年级班主任并从事语文教学工作。

低年级学生不同于高年级学生，他们的思维轨迹和表达方式并不相同。对于低年级学生来说，好不容易排整齐的队伍，不到一分钟就"蜿蜒曲折"了；刚听完遵守课堂纪律的"教育"，转眼又叽叽喳喳地"沸腾"起来了；没等老师向他们说明游戏的规则，"耶"一声，就开始"手舞足蹈"了……看着一张张纯真的笑脸，真是叫人哭笑不得。虽说这些都是学生天真无邪的表现，但如果在教学中不加以正确引导，长此以往，将不利于他们良好习惯的养成。更重要的是，我们在教育教学中要因材施教，依据学生不同的年龄特征采取适合的方式对学生进行教育。

对于低年级学生来说，不管是课堂学习习惯的培养还是集体生活习惯的培养，都是困难重重。而解决这些问题，我有自己的妙招。"语文书，要回家；左上角，欢迎它。""大本下，小本上，铅笔橡皮袋中藏。""学大雁，排排站；你在前，我在后，整整齐齐一条线。"我用这些自编的、朗朗上口的儿歌口令，引导学生自觉养成好习惯。

这一方法来源于我多年低年级教学而产生的思考。一年级新生活泼好动，自控能力差，注意力持久性弱，但他们具有很强的向师性和可塑性。

他们喜欢趣味性强、有节奏的语言，而儿歌恰恰符合这一特点。所以，我就试着编写了很多押韵、节奏感强的儿歌。儿歌内容涉及课前、课中、课下等诸多方面的习惯养成。

课前铃声一响，班级课前小领队会在讲台前喊出口令："上课铃声响。"孩子们回答："认真来听讲。"大家马上就知道，此时不能随意离开座位了。"一二三四。"对答："坐好姿势。"教室瞬间安静，孩子们眼睛明亮，看黑板。

课堂上，如何进行写字姿势的培养呢？老师说："写字有姿势。"孩子们边说边做："头正、腰直、脚放平。"然后保持姿势，开始写字。我不再一遍一遍地叮嘱"注意写字姿势"，孩子们自己引导自己就能做好。学习用品使用后如何有序摆放？老师说："课本课本、要回家。"孩子们答："小书包，欢迎它！"

课堂结束，收拾文具的时间到了。

老师："大本下。"

学生："嗨，大本下。"

老师："小本上。"

学生："嗨，小本上。"

老师："铅笔橡皮袋中藏！"

学生："嗨，袋中藏！"

于是，孩子们的书、本子、笔马上"各就各位"。刚入学时，组织学生排队做操需要很长时间。现在，小领队在前面说口令："学大雁，排排站。我在后，你在前。"大家便会齐说："整整齐齐一条线！"15秒钟，歪歪扭扭的队伍便变成了一条线。

这些儿歌口令短小押韵，容易让孩子们理解，识记性和操作性很强，富有节奏，齐读有气势，既能正确引导孩子们的行动，还能有效吸

引孩子们的注意力。这样一来，老师的班级管理工作也不会很累，是不是一举多得？

视频会谈让网课"花更红、果更甜"

青岛市崂山区麦岛小学　刘新巍

2019年底，一场突如其来的疫情让接下来的那一学年格外特殊——暂不入校、停课不停学、居家网课学习。居家期间，我和学生不能像往常一样，在教室里进行真正的面对面交流。美国心理学家艾伯特·梅拉别恩实验得出过结论：信息的总效果＝7％的文字＋38％的音调＋55％的面部表情。那么，给学生发微信或打电话传达信息的效果其实会大打折扣。怎么办呢？视频会谈，犹如一位"解难使者"，款款而来。

学生居家学习状态怎么样？家长是否有时间陪伴学习？网课学习条件是否能满足？……为了了解这些决定网课效果的关键信息，在正式网课开始之前的动员班会上，我和学生们约定进行一对一视频通话，而且谈话中有"神秘礼物"。会心的微笑、期待的眼神、傲娇的表情，大家更加期盼老师与他们的视频会谈了。

为保证视频会谈的效果，我精心选择聊天对象。我会根据当天统计的网课签到和作业情况，结合上学期在校表现，筛选四位学生作为第二天会谈的对象——一位基础较好的，三位基础薄弱或当天上网课表现不理想的。这样一来，基础薄弱的学生有了更多视频会谈的机会，也就有了更多被提醒的机会。

为保证视频会谈的有效性与秩序性，我会在晚上约好第二天视频会谈的时间，8：00一位，8：15一位，15分钟一个往下排。这个时间是我根据实践经验确定的。

在居家学习的时间段内，我与班级所有学生进行过至少两轮愉快的视频聊天，与个别学生甚至视频过7次。孩子们惊喜的笑脸、家长们信任的微笑、任课老师真挚的鼓励，都深深印在我的脑海里。在视频过程中，学生逐渐从放松转变为认真，他们体验到的是老师给予的勇气和关爱。在视频会谈中，总有家长主动参与进来。我们一起给予学生最大的信任与尊重，送给他们最真诚的鼓励。更重要的是，视频会谈还让我掌握了学生居家的一些情况，并采取了很多应对措施。

1.课前状态

一日之计在于晨，课前准备很重要。睡眼惺忪还是精神饱满？腹中饱满还是饥肠辘辘？这些因素都影响着上午的学习状态与学习效果。视频会谈既是一份温馨提醒，又是一次课前动员。这样的视频会谈也逐渐让学生养成了做好课前准备的好习惯。

2.心理状态

疫情期间，学生情绪波动大。疏导焦虑心理成了视频会谈的一项主要内容。我叮嘱学生做好个人防护，帮助学生消除紧张心理，指导他们为战胜疫情做贡献……以此为基础学生就有了学习的内在保障。除此之外，我会了解家长是否有时间陪伴。如果是爷爷奶奶陪读的，我就表扬他们自主能力强，帮助他们进行自我管理，并告诉他们有任何问题可以随时与我联系。

见贤思齐。为了调动他们的学习积极性，我总是有意识地帮他们树立榜样，有同班同学的榜样，有同龄孩子的榜样，有老师的榜样，也有抗疫战士的榜样。例如，老师在上课前都要提前进行网课教研、设计教案和课件，网上办公和软件使用都要比家长和学生先一步学会，需要花费更多的时间和精力。这些信息会让学生珍惜网课的不易，学习老师不断探索、辛勤劳作、勇于创新的精神，让他们明白集体协作会提高效率，碰撞出更多的智慧火花，让他们感受老师备课时想出一个好点子的喜悦心情，以驱动自主学习。

3.学习状态

不愤不启，不悱不发。只有在严格要求下，学生才能找到学习状态。对于班级里还需要加强学习的孩子，我不仅和他们说明网课的重要性，教给他们一些提高课堂效率的巧招妙法，还改编"龟兔赛跑"等故事，用有趣的故事告诉他们坚持的道理。在最后，我还会给他们讲一下昨天的重要知识点，帮他们预习复习。如果他们有不明白的地方，我会录制小视频发给他们，让他们不落下成长的每一步。我虽然是数学教师，但仍会在小组作业群里查看学生的书写，因为这反映了他们的学习态度。如果发现学生书写不认真，我会及时提醒他们，鼓励书写能力较弱的学生坚持练字。

学习状态的保持需要不断激励。通过每天的视频会谈，我了解了班级学生的学习方法、心理状态。结合访谈其他任课老师，我会从整体上把握学生的情况。在每周一次的视频班会中，我利用PPT设计制作电子奖状："蓝嘉玥同学在小组建设中表现优秀，被评为优秀组长""赵乙婷同学，在数学思维训练中表现优秀，被评为最强大脑""孙韬智同学，在课堂中积极认真、表现优秀，被评为课堂明星"……这样既推广了好的学习方法，激励了表现好的同学，又让居家学习充满仪式感。

4.提供建议

在居家学习中，学生的自律性非常重要，而家长的认知和配合度也直接影响着学生的学习效果。因此，在视频会谈的最后2分钟，我会和家长交流学生居家学习的状态。针对家长提出的问题，我会给他们具体的建议。对于共性的问题，我会利用周五视频班会时间，与学生及家长

沟通交流。

　　除了给家长提供建议，我也会教学生做时间规划，如定闹钟、做学习时间表；与他们互动，如根据课题猜猜会学到什么，提高期待感；提醒他们注重用眼习惯，及时做室内放松操，保证身心健康成长。

　　疫情虽拉开了我与学生空间上的距离，但拉近了我们心的距离。在大家共同努力下，居家网课学习保证了学习质量，提高了学习效率。学生有了更多的时间参与到爱国主义教育等各种活动中来。居家学习虽然是特殊举措，但我们从中探索出居家班级管理的方法，不也能运用到寒暑假中去吗？这些还会为终身学习奠定基础。

　　为者常成，行者常至。教育的探索，永远在路上。

从心出发，静待花开

青岛市崂山区麦岛小学　许聪聪

初接一年级新生，我满心的跃跃欲试。这段日子有欢喜，有忧愁，但更多的是收获。

一、班级管理，习惯养成；细致入微，常抓不懈

对于一年级新生来说，好习惯养成和班级常规很重要，让学生学会守规矩是一年级班级管理工作中的重中之重。

1.抓好每个"第一次"

当学生第一次站队，我没有匆忙地把他们带进教室，而是先跟他们讲规矩："以后站到队伍里，做到'快、静、齐'，因为你现在已经是一年级的小学生了，你可以做到。"

在第一次讲话的时候，就表扬那些能在老师说话时看着老师的学生。

第一次进教室时，告诉学生："入室即静，教室是一个学习和休息的地方，在这里要小声说话，不能吵闹。"

第一次讲课时要讲清课堂的要求，然后关注学生的表现。可能有几个学生一开始真的没有办法坐得住，以后每节课都要持续关注他们。

第一次怎么处理班级事件？对于打架事件，我会召开班会，正式处

理，让所有学生了解处理的过程，知道怎样做可以受到表扬，怎样做会受到批评，教会学生处理问题和与别人良好沟通的方法。

还有第一次跑操、第一次上公开课……每次我都会先提前讲好要求，并告知学生应该怎么做。每个"第一次"活动后，我都会给学生心平气和地反馈：这一次谁做得很好，谁做的有哪些问题，以后需要怎么做。

2.抓好常规的落实

①制定班规，自创儿歌

在开学初，我就自编了纪律、学习、卫生、礼仪几个方面的"常规三字儿歌"，如学习方面的——"下课时，收桌面；摆用书，练习本；小用具，不能少；准备好，再离位；喝点水，上厕所"。我会把这张班规表发到每个孩子的手里，让他们利用课余时间和家长一起学习。

②分派监督员，落实班规

选出两个监督员，让他们负责提醒大家应该怎么做。比如，一下课，就有监督员站在前面提醒大家"下课时，收桌面，摆用书……"他们还会检查哪些同学做到了，并提醒没做到的同学，每人负责两排。

③人人都是班级"小主人"

给每个同学特制了一个"心愿存折"，并给监督员制作一张盖章表。这样既能把之前的班规落实到位，又能让学生参与到班级管理中。每个学生都兴致很高，觉得自己是班级的"小主人"。

④兑换礼物，约束行为

我设定了学习星、纪律星、卫生星、礼仪星、团结星，集齐一定数量就可以兑换"班级超市"里的礼物。比如，每周一的升旗仪式都可以得到一个礼仪星，我会提前告诉学生怎样才能得到。再比如，在餐厅就餐时可以得到卫生星，这让学生在吃饭时都很安静，不需老师时时提醒。

经过一学期的常抓不懈，班级秩序井然，得到了各科老师的好评。我感到最有成就感的是，心平气和就能带好一个班级。

二、家校合作，良好沟通，细腻入手，思虑周全

1.良好沟通

我每次和家长沟通都会分三步——

第一步：先表扬、肯定学生，比如他们开学以来的进步，在一个良性铺垫的基础上进行沟通。

第二步：指出问题，注意是指出，而不是指责。

第三步：提出建议。这个建议不仅仅针对学生的上课行为，我还会通过学生的表现，判断出他在家里的行为，然后对他在家里的行为提出建议。家庭教育是根本，如果不从根本上改，那么在学校能改变的可能不是很多，也不会长久。比如上课不认真听讲这一行为，不能单是让家长提醒他上课要注意听讲，或者通过各种简单粗暴的方式，让他赶紧注意听讲。我会解决一个根源的问题——注意力不集中。我会建议家长培养孩子的阅读兴趣，既能让他坐得住，又能增加阅读量。

再比如自由散漫，其实就是规则意识问题。我会告知家长帮助孩子在家里培养规则意识的方法。这样的话，孩子会在长期的家校规则培养过程中得到很大提升。这是家校合作中非常重要的一点：学校里不好的习惯，从生活中开始改变。

2.建立信任

①开好第一次家长会

在第一次家长会中，我会将自己的优点展现给所有的家长看。家长就会比较踏实，在平时言谈中，就会不自觉地表现出对我的信任，进而影响到学生对我的态度。在学校中，学生就会愿意听我的话，信任感就建立起来了。

②考虑家长之所急

有一种说法，成功的教育中，家庭教育占70％。班里学生的家长不可能都会教育孩子，所以我会从家长的角度给他们提供教育孩子的方法和思路。比如，如何建立良好的亲子关系，如何建立孩子的安全感，如何帮助孩子建立规则意识……时间一久，家长就会不自觉地信任我。

3.组织好家委会

①家委会主任

根据家长的自荐表，我会选学习能力强、沟通能力强的家长为家委会主任。这学期，我们班举办了很多活动，在每次活动中，家委会主任都考虑得很全面，带领家委会成员把活动办得有声有色。

②家委会成员

我会经常询问家长对学校或对老师的建议，整理汇总，然后解决每个问题并跟家委会成员反馈。家委会成员再会跟这些提建议的家长反馈。易疏不易堵，这样经常沟通，会让每个家长都能发声。

三、坚定原则，温柔以待，静待花开

1.不给学生贴标签

每个孩子，尤其是一年级的孩子，都有无限的发展可能，不能轻易地给他们贴标签。怎么学习这么差？怎么总是违反纪律？怎么总是很爱哭？怎么这么爱打人？……我在平时非常警惕这些句子，时刻注意不说出口。如果说久、说多了，学生就会觉得自己是这样的人。所以，一般他们犯了错误，我会告诉他错在哪儿，他的问题是什么，以后碰到这样的问题应该怎么解决。教会学生解决问题的办法，比直接指责他要更好。还要传递一种信念，老师不是不喜欢学生，而是不喜欢学生的某个行为。

2.做规则的执行者

班里的学生很"怕"我，但不是害怕。他们之所以"怕"我，是因为我是一个规则的执行者。

3.给特别的孩子特别的爱

我会经常给班上一名极度缺乏安全感的孩子一个拥抱、一句鼓励。一次上公开课，她因为没得到奖励，就生气地钻到桌子底下去了。我知道她不会控制自己的情绪，就过去和她说："你因为刚才没有得到'南瓜'，所以很难过，对吗？如果你认真听，积极回答问题，应该可以得到！"先共情，再告诉她解决问题的方法。之后，我便一直关注她，最后表演的环节叫她上台了，她得到了一个"大南瓜"，特别高兴。

班里还有个刚上学不适应学校生活的孩子。我耐心地询问他不想上学的原因，想办法帮他解决困难。我还会细心地发现这个孩子每一天的进步，及时表扬——"今天你提前到校了""你比昨天有进步"，实际是在暗示孩子，他可以做得到！我还会坚定地告诉孩子："每天上学是你必须要做的事情，没有任何理由可以不做这件事。"因为我坚定的鼓励、引导和耐心，这种温和的方式解决了孩子初上学时的问题。

班主任的工作就该从心出发，和善而坚定地执行规则，用爱浇注，默默耕耘，然后静待花开！当你期待和认定每朵花都能长得很好时，每朵花就会长成期待的样子。

"美丽小队"助推"美丽班级"建设

青岛市崂山区实验学校　王玉环

　　二年级是组群竞争中培养合作意识和能力的重要时期，这是二年级学生发展的重要特点。建立小队能使学生真正成为组织中的一员，让学生体验小队间的竞争和小队内的合作，使学生感受到竞争和合作的快乐，使其合作意识和合作能力得到发展。下面简单谈谈我的做法和思考。

一、我和孩子共成长，班会活动见成果

　　"新基础教育"最关心的是人。它改变一个人的观念、教学行为和教学思想。在新基础教育的研究过程中，我尝到了成长的快乐。

　　班级主题教育活动是一个个成长的印迹。班队活动的磨炼、学习、反思和实践让我在这两年中成长了不少，也积淀了不少。从最初的手忙脚乱到现在的镇定自如，从过去的被动去做，到现在的主动去想，这样的班队课给了我发展空间和成长舞台。通过对班队的研究，我更愿意主动地关注学生的成长。虽然学生的综合素质不是一朝一夕可以培养出来的，但我想，只要用心去教授每节课，我和学生都会在这样的班队课堂上慢慢成长。

二、建立"小队争优"的管理机制，营造和谐的评比氛围

在教育活动中，学生是班集体的主人，需要直接参与班级的管理。各类学生干部及其他所有成员都要明确自己在建设班集体中的工作职责，只有全员参与，人人有事，才能充分调动学生的积极性，增强参与意识。

开学初，我在班上开展了班干部竞选活动。与以往不同的是，我要求每一位学生走上讲台，申请自己在班级中想要担任的职务，让每一个学生参与管理，成为班级的主人，成为班级中不可缺少的一分子。古人云："致天下之治者在人才，成天下之才者在教化，职教化之任者在师儒。"在小队合作中，成员不论成绩优劣，不论习惯好坏，发挥小集体的团结作用，让"散沙"慢慢"拧成"一股绳。

为了提高学生的竞争意识和自律能力，除了学校的例行规范自评、互评以外，我还在班级中设立了每日规范检查员，要求每个小队竞赛，不仅比个人，还要比团队。就这样，学生将行为规范当作一面镜子，提醒自己的同时，关注班级中每一个人的行为。每日进行规范评分，每周总结，得分最高的小组会被评为"最佳小队"，每队得分最高的同学会被评为"每周之星"，还可以将自己的"星星贴"贴在教室文化墙上。一石激起千层浪。曾经吵闹如街市的教室也鸦雀无声了。下课时，学生把小队的评比栏围了里三层、外三层，有的学生还念念有词："七小队又有读书加分了，我们小队要加油啊！"为了鼓励学生加强锻炼，我提出，在运动会上报长跑项目可以加5分，结果之前无人问津的长跑成了最热门的项目。最终，在运动会上，我们班也取得了可喜的成绩。

三、规范"小队争优"的处事原则，营造和谐的相处氛围

"十个指头有长短。"为了保证各小队的平衡，我在每个小队中安排

了一到两个"潜能生"。学生在队长的带领下变得懂事了。可我发现，有一个小队的气氛总是不大好，甚至有个互助小组中的两人爱理不理，上课时严重影响了听课效率，如果任其发展，可能会影响到更多的人。我私底下找来了他俩，一问就知，原来是队长"嫌弃"这个同伴总是"拖后腿"，不想要他了。听到原因，我没有批评队长，而是在班上召开了一次主题活动，主题叫"我给队员找优点"。之后，我和学生一起帮几个"潜能生"找了很多优点，其中甚至有许多优点是队长所缺乏的。班队活动过后，我又找来之前闹别扭的两人，不用过多说什么，两人当场握手言和。在班级小队中，不仅要教育学生力争做到最棒，而且要教会学生与人友好相处。

班集体是我们的"第二家庭"。我精心策划并举办了形式多样的班队主题活动。在活动中，学生逐步展现出积极合群、乐观大方、灵活机智和敢于创新等良好性格特征。对于班里的活动策划、黑板报，我逐步放手，让学生以小队为单位承担。家长会上，我们分享了小队成员的很多"第一次"，家长不禁拍案叫绝。

四、小队建设与学科相整合，营造精彩的活动氛围

为锻炼学生的能力，我把小队建设与其他学科相整合。如在数学课上，学完万以内数的认识之后，小队分组研究"动物的秘密"；在品德课的情景表演中，各小队也展现了自己的风采；在家委会活动中，以小队为单位，大家有序活动；"六一"儿童节募捐活动时，各小队走进高年级班级发倡议……

各种各样的小队活动让学生真正成为生活的人、自然的人、愉快的人；让学生在实践中学会感恩、懂得明理诚信的重要性；也让学生真正明白，集体力量是多么可贵，童年生活是多么美好！

班主任与家长沟通的艺术

青岛市崂山区华楼海尔希望小学　王雅村

学生来自不同的家庭。每个家长的文化水平、素质不同，所以，与家长建立良好的沟通要讲究沟通的艺术。

1. 坦然大方，自信不懦弱

新班主任一般年龄比较小。家长年长，容易站在高处和年轻班主任交流。如今，家长视孩子为掌上明珠，这让班主任开展工作难上加难。即便如此，新班主任仍要坦然大方，开诚布公、平等地与家长沟通，不要说话吞吞吐吐、含糊其词。否则家长会觉得班主任性格懦弱，缺少经验，不可信赖。

2. 公平公正，不盛气凌人

新接班时，如果学生出了问题，班主任需要找家长谈话，在和家长不熟悉的情况下，切不可带有情绪、片面地表达，要就事论事、实事求是地指出过失，向家长提供合理的教育意见。

3. 有自知之明，不炫耀自己

现在很多参加工作的老师学历高，名校毕业，但仍要实事求是地评价自己。和家长沟通时，要保持谦虚、低调、平易近人的姿态，即使工作中有不足之处，也能得到家长的谅解。

4.维护任课教师，不推卸责任

班主任与家长沟通时，同时肩负着维护家长和其他任课教师关系的任务，要力求褒奖其他老师的工作精神和教学水平，着意宣传教学能力强、知名度高的老师的教学成果，着重介绍新教师的工作热情和上进心，使家长对学校充满信心。不要说某门功课不好就是任课教师的责任，转嫁责任会使家长对班主任工作的满意度大打折扣。

5.表扬要大方，赞美要及时

经常听到"哪个孩子不听话了，打个电话给家长说一下"，可很少听到"哪个孩子有进步了，打个电话给家长说一下"。长此以往，家长只要一听到老师的电话，直接反应就是孩子在校闯祸了。可我认为，孩子出现问题可以告知家长，但更多地要把学生的进步告诉他的家长。哪个家长不喜欢听到孩子进步的消息？如果把喜讯带给家长，家长就会满心快乐，希望老师多联系他，而且会表扬孩子，老师高兴，学生高兴，家长也高兴，何乐而不为呢？

6.换位思考，有同理心

在学校，学生难免会发生磕磕碰碰的事情。这时，班主任一定要站在家长角度考虑事情。有一个学期，我们班有一个学生的胳膊被学校碎了的消防栓门划伤，我们第一时间联系家长去医院。这种情况下，需要缝两针。街道医院说没有细针缝；公立三甲医院说针粗影响美观，建议去美容整形医院缝；美容整形医院说缝两针需要3000元，不能保证没疤痕。家长一路埋怨。她的心情我完全理解，因为确实是学校安全设施的问题。我没有任何辩解，并表示和她是同样的感受，宽慰她说："我可以理解您的心情，孩子在学校上学，就怕磕碰，怕孩子受罪。咱们一定找最好的方法解决，用最好的方式治疗。"最后，这位家长要求去江苏路青岛大学附属医院缝针。那里恰巧有进口医用胶水，不用缝针就可以黏合伤口。最终还是找到了最好的解决方法！

通过这件事，我成长了很多。在处理突发事件时，一定要尊重家长的意见。班主任不是医生也不是家长，只能尽心尽力陪伴，不能随便帮家长做决定。所以，学生发生意外时，老师要以父母的心情去处理，将"大事化小，小事化了"。现在小学生的家长大多三十多岁，上有老，下有小，生活工作压力大。班主任不仅要做好本职工作，还要多从家长角度考虑问题，让家校沟通更顺畅。

总之，教师与家长的沟通是一种艺术，也是一种智慧。教师要结合实际，采取灵活多样的方法，使双方在沟通过程中达成共识，互相配合，共同做好孩子的教育工作。

倾注深厚的爱，付出真挚的情

青岛市崂山区东泰小学　徐　伟

　　我从事教育工作23年，感悟很多，收获很多。只要看到学生快乐的笑脸，委屈和困难都会瞬间化为乌有。也许老师最能享受到与孩子相处的快乐和"桃李不言，下自成蹊"的幸福。

　　班主任的工作方法不同，但无论是对待高年级的学生，还是对待低年级的学生，都需要倾注深厚的爱。爱是教师最美丽的语言。要当好一名教师，就要爱岗敬业，爱学生，爱得专心致志，爱得无私无畏！"没有爱就没有教育。"这句话在我心里留下了深深的烙印，是我从事教育教学工作的座右铭。

　　要带好一个班集体，首先要发挥教师的表率作用。

　　教师往往是学生心中的偶像，其一言一行会影响学生的发展。因此，在工作中，我以身作则。就拿以前我教过的一届一年级学生来说，他们年龄小，只懂得接受别人的爱，却不知道怎么去关爱别人，也不会打扫卫生。从入学第一天起，我就天天和他们一起值日，告诉他们怎么做、做什么、怎么找活做、怎么合作干。慢慢地，值日工作有了明显的进展。平时看到教室的卫生有不尽如人意的地方，我就亲自打扫；如果地上有纸，我就弯腰捡起来。时间长了，学生也这样做。工作上，我从来不迟到、早退，这样学生也不好意思迟到。

近几年，我一直从事一年级的教育教学工作。生活中，我给予学生母亲般的关爱。刚开学时，天气热，我从不忘提醒学生下课喝水；午睡时，我每天根据天气情况开关窗户；冬天跑操，我会提醒学生带好帽子和手套；下午放学时，我会检查他们是否穿好了衣服，帮他们背好书包；平时哪个孩子的鞋带开了，我会一边弯腰给他系鞋带，一边教他如何系；学生打不开铅笔盒时，我给他打开；水瓶盖子太紧了，我会帮学生拧开……曾经有学生对我说："老师，你和我妈妈一样，我以后叫你妈妈吧。"常常有孩子误叫我"妈妈"。每当此时，一种自豪感从我心底油然而生。虽然这样的故事在许多人看来平凡且不起眼，但我的行为确实深深影响着学生。后来，学生再遇到开鞋带、拧瓶盖的困难时，总会有其他学生主动站出来说："不要麻烦老师了，老师很忙，我来帮你。"渐渐地，我的担子减轻了，孩子们的感情更深厚了，班级中也渐渐形成团结友爱的班风。

第二，重视与家长的联系，建立家校联系沟通的桥梁。

相信每位班主任都能清楚地认识到，学生的进步、集体的成长，不单单需要老师的正确引导，还离不开家长的大力配合。老师要在学生面前建立威信，然后赢得家长的尊重和信任。在工作中，我真诚地与家长交流，主要通过电话的方式与家长建立密切联系，进行沟通交流，传达学生的信息。除此之外，我还十分关心学生的身体健康。学生一旦因病缺勤，我都及时走访慰问、给予关心，了解学生的身体状况，使家长对学校和老师更加信任。这为建立家校联系奠定了坚实的基础。

第三，注重学生良好习惯的培养。

班主任不仅要注重学生道德品质的培养，而且要注意学生的行为习惯的培养。在日常生活中，老师要观察学生的行为习惯，发现他们存在的问题，及时纠正。如讲礼貌的问题，学生平时看到老师要么逃跑，要么无声无息地与老师擦肩而过，不跟老师问好。针对这一问题，我引导学生多使用礼貌用语"请、谢谢、对不起"等，引导学生尊老爱幼，不仅在学校做个有礼貌的学生，在家也做个有礼貌的孩子。除此之外，我每周都尽量抽时间和学生一起学习《小学生日常行为规范》。通过如此反复地强调，学生的日常行为习惯有了很大的良性改变。

第四，凝聚班干部的力量。

班干部是班集体的中坚，是班集体建设的核心，也是班主任的得力助手。在班干部的安排上，我采用了让学生自荐的方式。如果学生能够自荐当班干部，他肯定是有一定信心，也有一定能力，那么在今后的管理工作中，他也一定会更积极主动地投入。另外，每个组有两个组长，一个负责学习生活的管理，一个负责安全、卫生、纪律的管理。每个月召开班干部会议，让班干部进行工作汇报，提出遇到的问题，我指导解决，并针对实际情况提出工作目标。班干部发挥各自的作用，将班级管理得井井有条。

第五，树立终身学习的理念。

教师不仅要有崇高的奉献精神，也需有先进的教学策略与方法，能给予学生学习上的指导、生活中的关心、认识上的点拨和思想上的疏导，并能公正、公平地对待每一个学生，还要悉心研究每个学生的兴趣爱好和个性特长，不放弃任何一个学生，为学生的健康成长和发展打好各方面的基础。"问渠那得清如许，为有源头活水来。"学习是教师的终身必修课，在信息化时代，只有坚持不断地学习，才能适应时代发展的需要而不至于落伍。

陶行知先生曾说："你的教鞭下有瓦特，你的冷眼里有牛顿，你的讥笑里有爱迪生。"一个冷漠的眼神、一句刻薄的话语、一次不公平的对待，都可能会影响学生的一生。如果没有立德树人的仁心、没有诲人不倦的耐心、没有有教无类的公心，那么这样的教育是没有温度的。"能走多远，关键看你有多爱。"心中有了爱，就是燃灯者、举火者，这光亮足以照耀孩子的前程，足以照亮民族的未来。

班主任的角色

青岛市崂山区东韩小学　徐　凡

班主任的工作千头万绪。如何才能深入学生、了解学生，及时掌握学生思想和生活的情况呢？我认为，班主任要随机应变，扮演好多种角色，在班主任工作中有的放矢、对症下药。

一、慈母的角色

母亲不会因为孩子的美丑存在偏袒和私心。一个班级几十个学生，虽然他们的家庭环境、先天素质与自身努力程度都不同，但教师一定要做到一视同仁，尊重、信任、理解每一个学生。教师的爱应该是一种博爱，爱每一位学生，关心他们的生活，关心他们的学习，关心他们的思想。有时候，教师的一句鼓励可以让学生感到无比激动。

教师应让学生体验进步成长的快乐，增强进步的信心。教师要像母亲一样善于发现学生的长处，充分肯定他们的点滴进步，对他们的长处要"小题大做"，永远不说"你不行"，而是毫不吝啬地说"你真棒"，让孩子在充满鼓励与期待的沃土中成长，不能让孩子在指责声中自卑得抬不起头来。送一点偏爱给"后进生"，倾注爱心、热情和期望，对他们取得的点滴成绩，要及时给予表扬和鼓励。这样，在他们身上就会产生"罗森塔尔效应"。

二、严父的角色

教师爱学生，不是姑息迁就，不是放任自流，而是与严格要求相结合的爱。教师对学生的爱不应是溺爱。在尊重学生人格、关心学生进步与成长、扶植学生兴趣和专长的同时，也要严格要求他们。因为严格要求学生也是对他们的一种尊重。学生犯错误时，该批评就要批评，该处理也一定要处理，没有规矩无以成方圆，只有奖惩得当，才能在班级中形成一个良好的、积极向上的风气。

三、朋友的角色

用心灵赢得心灵，用爱交换爱。有一句名言叫"蹲下来看孩子"。教育者要蹲下来和孩子保持一样的高度，以孩子的眼光看问题、看世界，这样才能真正尊重孩子、理解孩子，也只有在这样的前提下，教育者才更能主动地了解、关爱孩子，为孩子提供最适合的教育。教育的平等不只是孩子之间的平等，更应是教育者和孩子间的平等。教育者和孩子之间的平等是平等教育、民主教育的基础。在教育学生时，要动之以情，晓之以理，导之以行。在融洽的师生情感中，学生才会把班主任的批评看作对自己的爱护，把班主任的表扬看作对自己的鼓励，自觉把道德要求和行为规范转化为心理定式和良好习惯，产生"亲其师，信其道，受其术"的效果。教师要用真诚的情感去关心学生、爱护学生，富于同情心。学生就会亲近班主任，从而在师生之间架起一座信任的桥梁。

四、法官的角色

教师的工作对象很特殊，他们是一群天真善良的孩子，有着各自的判断是非的标准。在孩子眼中，教师是成人社会的代表，更是社会公正、公平的代表。这就要求教师在其职业领域内的职业表现要体现社会的正义、社会的良知。教师的评语、各种荣誉的评选，甚至一次小小的表扬，都会被每个孩子看在眼里，记在心里，影响着孩子对于是非善恶的判断和理解。因此，班主任的教育公正更为重要，一定要热爱、尊重、信任每一个学生，在教学工作的各个环节做到公正、民主、平等。

五、学生的表率

"其身正，不令则行，其身不正，虽令不从。"教育家马卡连柯说过："不要以为只有在同孩子谈话、教训他、命令他的时候才是教育，你们在生活的每时每刻，甚至你们不在场的时候，也在教育儿童他们怎样穿戴，怎样对待朋友和敌人，怎样笑……这一切对儿童有重要意义。"可见，班主任的一举一动，都会对学生产生较大的影响。教师要求学生做到的，自己首先必须做到。身教重于言教，教师对学生讲十次道理所产生的正面影响也抵不上一次反面行为对学生产生的负面影响大。如果要求学生随手捡起地上的废纸，那么教师也要做到。如果每个班主任都有一股"让全班学生向我看齐的勇气"，那么"身正为范"就真正得以体现了。

我想，只要怀着一颗爱心、一份责任感，有科学的管理和教育方法，就一定能把班主任工作做好。

有情有智，快乐自主

青岛市崂山区东韩小学　辛　静

　　培养什么人？怎样培养人？为谁培养人？这是教育工作的核心问题。全面落实党的教育方针，培养德智体美劳全面发展的社会主义事业建设者和接班人是每一个教育工作者的职责。班主任是班集体的组织者、管理者和指导者，如何培养一个团结向上、充满朝气、勇于创新、富有竞争力的班集体，则成为每个班主任需要面对的课题。

　　在二十多年的班主任工作中，我所带的班集体多次获得市级、区级、街道、校级优秀班集体称号。我深深感受到，良好的班集体是实施素质教育、促进学生全面发展、培养新世纪创新型人才的重要环境；良好的"班级精神"能形成强大的内聚力，从而使班级工作有条不紊、蒸蒸日上。

一、创建班级德育工作的总体框架，营造循序渐进的育人环境

　　我的工作目标是以爱国主义为主旋律，针对学生的实际情况，帮助学生初步树立正确的世界观、人生观、价值观，把班级建设成有明确的共同目标、良好的行为品质、健康的舆论导向和自觉守纪的优秀班集体。

　　首先，我利用每周一、周五中午的班会时间，开展关心"三事"的教育活动：关心国事，了解国史国情及当今国家大事，凝聚学生的爱国之

心，激励报国之志；关心校事，了解学校的各项活动，积极参与；关心班事，了解班级中的好人好事、新人新事，弘扬班级正气。为了了解国情，班级成立了"每日新闻"发布小组，每天早读之前，在黑板左上角出一则新闻报道或短评。其次，在每一个值得纪念的日子，我们都会举行各种形式的主题活动。如，为了庆祝7月1日党的生日，我们成功地组织了一次"党啊，亲爱的妈妈"诗歌朗诵比赛。学生用自己稚嫩的诗歌，抒发了对党的热爱之情和美好祝愿。8月1日建军节，学生制作了"我爱人民子弟兵"手抄报，并在班级微信群中展出。

一个优秀班集体的后面必有全体同学强烈的集体主义观念做支撑。因此，我把班级的集体主义建设进行了细化。

1.抓住契机，逐步树立坚定的集体主义观念

理解是相互信任的基础。因此，我在班级设置了"悄悄话"信箱，学生把自己想说的话写下来投入信箱，而我来开箱阅读。开始时，学生还有点拘谨，到后来便与我无所不谈。我对每一个问题都认真作答，与大家沟通思想，解决矛盾，增进团结。

令我最难忘的是五年级的秋季运动会，班干部一马当先，四处想办法，精心设计入场式方案及啦啦队计划。同学们争先恐后地报名参加比赛。运动场上，啦啦队呐喊助威，运动员勇往直前。运动会闭幕时，我班获得了男子总分第一、女子总分第一、团体总分第一和精神文明第一的好成绩。这是全班同学集体拼搏的结果，我们班由于连夺四个"第一"，在全校师生中引起了不小的轰动。

2.突出"四爱"教育，以爱心构筑班魂

"四爱"即在班级中开展的"爱同学，爱父母，爱集体，爱社会"教育。我以"四爱"为起点，精心组织了一次"爱的奉献"的主题班会，号召每位同学关心身边的伙伴，帮助困难同学。班会后，我组织优秀学生

与"后进生"结成"一帮一"学习小组，定期和班主任交流心得，进行奖励；号召大家多关心、多体谅自己的父母，回家帮父母干家务活，与父母谈心；采用电话、微信等方式不定期与学生父母交流了解情况；对在家中表现好的同学，在全班表彰；建立"劳动小明星"评比栏，集体劳动中表现好的同学"即时上榜"……

爱心是博大的，班级中的小z同学，母亲因车祸瘫痪在床，父亲又无正式工作，生活很困难。大家了解到情况后，主动和他做朋友，并把铅笔盒、笔记本、课外书等学习用品送给他，使小z同学感受到大家庭的温暖。他愿意和同学交流了，脸上的笑容也多了。

二、建全班级管理机制，培养学生的创新精神和实践能力

我在班级建设上重视"开放、民主、多样、综合"等特点。

1.创设良好教室环境，展现学生的个性

教室是学习的场所。在全班同学提议下，我们对教室进行了全方位的美化。黑板正上方贴着班训"I'm the best one"。后面黑板上方悬挂着班徽，左边贴着中华人民共和国地图，右边挂着数学家、科学家的画像。教室后面的大黑板作为班级宣传的窗口，上面是同学们轮流出的板报，内容有诗歌、散文、天文地理、奇闻知识、班级新风等。窗台下方是老师和同学们从家中带来的几盆鲜花组成的迷你小花园，让教室显得生机勃勃。

2.形成"立体"班级管理模式，初步尝试让学生"自我管理、自我服务、自我教育"

进入高年级，我在班级实行学生自己管理班级的方式。班主任只是管理者中的一员，起"宏观调控"的作用。同学们各抒己见、集思广益，根据学校规章制度一起制定出班规和班干部职责。

增设职位，组建各种班级管理团队。班级大小事情都有固定负责人或

轮流负责人具体负责，如各科课代表、值日组长、班级日常管理小组、宣传小组、早读领读员、午餐负责人、计算机管理员等。每个学生既是管理者又是被管理者，通过担任多种管理角色，每个学生都能在班级中找到自己的位置和存在感，感受到老师对他的重视。这样的孩子是自信的，自信的孩子什么事都能做好。

3.鼓励学生积极参与社团活动，在活动中提升自信和创造力

我校的社团活动内容丰富，有合唱队、舞蹈队、美术小组、书法小组、微机小组、七巧科技小组、田径队、小足球队、校园小记者站等。我鼓励同学们根据自己的兴趣积极报名参加社团活动，支持学生参加各级各类比赛。对学生来说，参加社团既锻炼了能力，又提升了自信，可谓一举两得。

三、赞美和赏识，给孩子搭建自信成长的舞台

懂得欣赏对一个教育工作者来说尤为重要。因为学生的自信在欣赏中建立，良好的习惯在欣赏中形成，优秀的品质在欣赏中发扬。为师者只要蹲下来，放下师长的架子，与学生平等相处、用心交流，就会从中发现很多乐趣。

每个学生都需要赏识，"后进生"更是如此。卡耐基曾说过："没有什么比批评更能毁灭一个人了。"苏霍姆林斯基说过："赞扬后进生极其微小的进步，比嘲笑其显著的劣迹更文明。"学生有着不同的教育基础，来自不同的家庭，智力水平不一样，因而发展是多层面的。班主任不能用同一个模式去要求学生，要善于发现学生身上的闪光点，要善于给他们以信任，引导他们有意识地发扬优点，克服缺点，扬长避短，从而向好的方面发展。只要他们在原有的基础上有所进步，我就会对他们说："老师特别喜欢你现在的表现，如果你在学习上再用心一点，就会成为一名品学兼

优的好学生。到那时，同学们都会对你刮目相看的。老师和父母也就更加开心了。"他们听了我的话也比较高兴，愿意继续往好的方向努力。

教师不仅要学会欣赏学生，还要善于引导学生学会欣赏别人。相互欣赏的师生关系是和谐教育中的重要组成部分。当然，提倡欣赏并不否认要指出学生的问题，但要讲究方式方法。

总之，正确的"三观"教育、共同的集体荣誉感、健全的管理制度、和谐的师生关系，是建设一个优秀班集体的必备条件。在这样的集体中，每个学生才能充分发挥自己的潜能，有情有智、健康快乐地成长。

爱心＋用心＝智慧管理

青岛市崂山区东韩小学　李金梦

树叶如变魔术般换了颜色，风儿变成了时间的使者。2019 年的金秋九月，我正式成为一名光荣的人民教师，并成为一年级的班主任。作为校园里的一分子，小学一年级的学生无疑是比较特殊的团体。他们天真可爱，如何管理他们也是一件令人头疼的事情。在不断地学习与摸索中，我总结出了几个特别适合一年级的班级管理小妙招。

一、赞赏学生

一年级的学生非常多变，他们经常会带给我很多惊喜。有一个孩子，刚进学校时，前几单元测验不太理想。原因很多，上课不注意听讲，小动作多是其中一个主要原因。我和她说过多次，并不怎么见效。于是，我转变了策略，叫她起来回答问题，认读生字。她没能回答上来，因为没有认真听课，她并不认识那个字。我给她示范了一下，让她读了几遍并赞美她声音洪亮。自此，我经常叫这个孩子回答问题，每次起来无论她回答得怎样，我都会选一个优点来赞美。期中考试时，她有了明显进步。期末时，语文和数学更是考了双百，进步巨大。这件事给我很大的启示，学生需要赞美，教学中也需要赞美。对学生来说，一句"你真棒"可能要比 10 句批评管用得多。

二、"星星擂台"

比赛能很好地调动学生的积极性。因此，"星星擂台"能成为班主任的得力"助手"，在让学生感悟"有付出才有回报"的同时，培养了习惯和能力，为建立良好的班风迈出了坚实的一步！

1.学习

作业每次写得干净、正确又美观的得1星；单元测试全对得2星；考试有进步得5星。

2.纪律

根据平时课堂上和集会时的表现（铃声落，安静坐在教室里等待老师上课；始终保持正确的坐姿，不乱说话；发言积极踊跃；集会、站路队时，自始至终保持安静）随机加星。

3.卫生

劳动组长监督考勤，每周值日完，在班会上组里评议，按值日的表现情况分成三个级别，最好的同学可得1星；学会保持卫生整洁，平时随机抽查，乱扔废纸、果皮的扣1星；每周检查一次个人卫生，不讲个人卫生的扣1星。

4.好事

主动为班级建设出力的学生和家长，每做一件得2星；拾金不昧、乐于助人、保护环境等，每做一件得2星。

5.活动

凡是积极参加学校、班里组织的各项活动的学生，根据表现加分。

三、把学生团结在自己周围

一年级的好多学生刚入学时不适应，但他们对老师还是很亲切的，喜欢围着老师，不停地说着发生在自己身边的一些小事。在这时，仔细聆听并认真回答问题，他们通常会很高兴，心情变得愉快。利用空闲时间和他们说说话、聊聊天，像亲人一样牵牵小手，摸摸头，能消除他们对新环境的陌生感，让他们习惯并热爱这个集体，接受新的老师。教师要努力地亲近他们，给他们慈母般的关爱，让他们感觉到老师和妈妈一样亲。比如，学生感冒时，帮他们擦鼻子；学生鞋带开了，给他系上；学生渴了，给他们倒水；学生家长接迟了，给家长打电话，把学生带到办公室辅导作业；学生表现好了，抚摸他的头、抱抱他。通过这些小小的细节，学生会感受到老师对他们的爱。

这所有的点滴，会变成温柔、温暖和爱的力量，在学生的心里生根发芽。

爱心·源泉

青岛市崂山区东韩小学　姜　娜

　　教育工作辛苦却伟大。在塑造人的过程中，教师需要付出极大的心力。我常常思考一个问题：什么样的师生关系能避免或减少那些无谓的失败呢？很多时候，师生关系并不如想象中那么融洽。怎样才能建立平等、合作的师生关系呢？我体会到，宽容、理解、尊重是架设这座桥梁的基石。

　　陶行知先生对教师进行了形象的描绘："捧着一颗心来，不带半根草去。"这是一位教育家对所有老师的希望。作为教师，爱心比什么都重要，爱心应包括关心和信心。

　　每次接触新班，我总会提前记住学生的姓名和模样。第一次与学生见面时，90%学生的姓名我都已经叫得出了。这一点让学生非常惊异。"关心，从第一天开始！"这是我的信念。

　　现在的学生大多是独生子女。家长对自己的孩子有时会"爱而失度，严而无格"。学生的行为偏差，常常可以从家庭教育上找到原因。学校教育的责任不在教育家长，但我发现，教育工作不仅要在学校做，还要做到家庭中去。

　　举个例子。我班的会鹏（化名）有段时间突然变得脾气古怪。他有时很烦躁，有时很忧郁，成绩也突然下降许多。我暗暗观察两天后，便请来他妈妈，一问才知，原来他的父母刚离婚。父亲离他而去后，他感到突然孤单了许多，经常哭着问妈妈："爸爸为什么要离开我们呀？"母子俩眼泪涟涟。第二天放学后，我牵着他的手来到校园花圃的小路上，一边散步一边谈心，鼓励他坚强起来，成为一个勇敢的小男子汉。可能应了"亲其师，信其道"的话，慢慢地，他又恢复了以往的自信，以往的开朗，我也宽慰地笑了。随后，他的成绩又追上来了，和我的关系也亲近了，他的妈妈也不再忧心忡忡。

我是语文老师，又是班主任，这让我能从作文中走进学生的内心世界。我班一个学生身世坎坷，在他小时候母亲就抛弃了他。在一次作文《我的妈妈》中，他的字里行间写满了对妈妈的恨。让我感触最深的是，他说，当看到别人一家人坐在一起聊天、吃饭时，他的心就非常痛，他讨厌别人的一家团圆。看到这里，我好心疼，没想到孩子这样难受。我找到他谈了许多，谈到他小时候的一些渴望，慢慢释放自己的压力，学会宽容。

教师应充分理解学生的内心世界，及时化解学生心里的烦恼，给学生安慰、引导，让学生有一个健康的心理，学会倾诉、交流、调整自己的情绪。教师要给予正确的引导，帮助他们重新建立信心，找回自我。

教师应学会欣赏、信任学生，给予学生同等的关注。教师要理解学生，把学生看作一个有思考能力的人、有发展潜力的人，要用欣赏的眼光看待学生每一个想法、每一次发现，发现他们的可爱之处和闪光点，尽量给予鼓励和热切的期待。

在班级管理中，我让所有的学生都有参与的机会，信任他们，让他们做事。对做事认真心细的学生，可以委以重任，明确表示老师信任他们，要求他们力所能及地协助老师做些班级工作，如班务记录、公务保管，培养学生的责任感，增强学生的自信心，克服自卑感。很多时候，成绩好的学生受到老师的"偏爱"，老师评价学生时也以成绩来衡量。我们要改变传统的评价体制，大胆鼓励、保护好每一位学生的好胜心，引导他们发挥创造力，给每一位同学展示才能的机会，让他们在"我能行"的鼓舞中大胆开拓，鼓励他们通过多种方法寻求解决问题的方法，让他们逐渐养成开放式的学习模式、思考模式和行为模式，为他们将来成为创新人才奠定坚实基础。

教师要走进学生的心灵世界，建立新型的师生关系，做学生的良师益友。

在教学中，一位叫豪豪（化名）的学生引起了我的注意。他上课回答问题特别积极，但是纪律性较差，严重影响了课堂秩序。下课时我找他谈话，抓住他积极发言的闪光点，告诉他："动脑想问题是对的，但要举手，不能想说就说，必须经过老师同意才能说。如果大家都像你这样，你一言我一语，那老师谁的也听不清。你很聪明，有些问题一听就明白。会了固然好，可不能打扰别的同学听课，再往深处想想或看看自己还有无不懂的问题。"他点了点头，答应以后上课按要求做，保证不再违反纪律。没过两天他就开始反复了。这是正常现象，毕竟形成习惯不是一朝一夕的事。放学后，我又一次与他谈心，把他叫到跟前，拍着他的肩膀问他想不想当公物委员，原来他早就盼望做一名班干部。我抓住这一契机与他来了一个"君子口头协定"："只要你纪律上不出问题，老师就让你当班级的公物委员。"当时他可高兴了，还不停地问："老师是真的吗？""只要你在纪律上得到同学们的认可！"我与他展开朋友式的谈心，帮其找到了努力的方向，他在纪律上有了明显进步，而且公物委员当得非常称职，学期末还被评为了班中的优秀少先队员。

豪豪有了明显的进步，受到了老师和同学的一致好评，同时为其他同学做出了榜样，班级的纪律有了明显的好转。每个学生都有一定的封闭性和开放性，他们的心扉总是对大多数人关闭，只对挚友开放。他们都渴求真诚的友谊，这就要求班主任在与学生交往的过程中，用真诚与理解温暖学生的心，努力去做学生所信赖的挚友。这样学生才会对你敞开心扉。老师和学生只有成了朋友，才会共同努力，建设班级。

当班主任期间，我制定了"一日行为规范"，将班级工作纳入了有序的轨道；对学生的学习进退一直采取动态管理；建立了周记制度，通过周记做了大量的工作，取得了很好的效果；让全班学生共同管理班级，每人当一天检查员，每周公布学生的检查情况，根据情况进行奖励。

为人师表，严于律己。要求学生做到，老师务必做到。老师的榜样作用不可忽视，一定要注意自己的言行举止，因为老师的一言一行都在不知不觉中成为学生仿效的标准。教育学生真诚善良，自己要真诚善良；教育孩子有责任心，自己做任何事都要有责任心。学生非常明白，作为老师的你是否全身心地投入这个班级，是否全身心地关注着他们。你付出多少爱，就会得到多少回报。当然，我也会让学生明白，老师也是普普通通的人，也有犯错误的时候，要给予老师改错的机会，学会宽容，通过调整，将事情处理好。

教育工作是十分辛苦的，需要我们全力以赴。我有时感觉很累，但当看到自己的工作换来了学生的成长，换来了学生和家长的感激，换来了成功的收获，一切劳累、烦恼也就烟消云散了。

整合资源促进德育

青岛市崂山区东韩小学　王　庆

"品德与社会"课程因其学科的特殊性，教学时空不局限于课堂和学校。教师应将本课程的教学与相关学科（如历史、地理、数学、传统文化）以及班队活动、学校德育活动、社区活动、社会重大事件等紧密结合，从中捕捉、挖掘鲜活的素材，调动学生将在课外学习和活动中获得的经验和知识，充实到本课程的教学过程，同时将课内学习延伸至其他学科的学习或校内外其他活动中，提高教学的实效性。本着这一原则，我们进行了德育课堂教学资源的整合研究。

一、德育依据

（一）课程标准

良好品德是健全人格的根基，是公民素质的核心。德育应以学生的生活为基础。家庭、学校、社区、国家、世界是学生不断扩展的生活领域。社会环境、社会活动、社会关系是存在于这些领域中的几个主要因素。学生的品德与社会性发展是在逐步扩展的生活领域中，通过与各种要素的交互作用实现的。

（二）学生心理

小学中高年级是学生逐步熟悉和理解社会生活的重要时期，也是形成道德情感、道德认识和道德判断能力，养成行为习惯的重要阶段。学生已经从被动学习向主动学习转变，有了自己的想法，但辨别是非的能力还有限，社会交往经验缺乏，经常会遇到很多难以解决的问题。如果不注重引导，学生可能会因为一些小的困扰干扰了学习，逐渐对学习失去兴趣。但通过正确的教育，这种不安可以转化成对自然和社会的探索激情和求知欲望，综合能力得到快速提高，在学习的旅途中将会实现一次具有人生意义的深刻转折。

二、构建新式课堂，德育资源整合

新课标要求"教师要具备开发课程资源的能力"，在参与课程开发的过程中不断提高课程意识，提高课程开发的技能。教学过程、课程评价和教学资源的整合、优化要突出以学生为主体，使学生在教师指导下构建知识、提高技能、展现个性。教师要讲出平实而又丰厚的课，对于教学资源要有开放、融合的视野，并且具有反思、重构的能力。在我的德育课堂上，我从以下方面进行了资源整合。

1.学科资源

在教学过程中，我们往往强调德育在不同学科的渗透。其实，"品德与社会"课程又何尝不包含着其他学科的知识呢？比如，我在讲《生命的源泉》这一课时，就整合了自然科学、传统文化等学科的内容。教育家卢梭在《爱弥儿》中曾言："最好的教育就是无所作为的教育：学生看不到教育的发生，却实实在在地影响着他们的心灵，帮助他们发挥了潜能，这才是天底下最好的教育。"由于一些和水有关的数据都离学生的生活较远，为了贴近生活，在讲解节约用水时，我做了一个滴水的小实验。通过计算，学生明白节约一滴水也非常重要，我顺势进行品德教育，勿以善小而不为。

2.社会资源

社会德育资源的发掘和利用，是学校德育工作的重要补充和延伸，对丰富教育内容和提高教育效果具有重要意义。在进行德育教育时，我校也充分依托社会资源，增强德育特色。这其中最具代表性的要数我校一直开展的"东韩小学社会大讲堂"活动了。在大讲堂上讲课的老师来自各行各业，有律师、运动员、企业家、医生、社区的志愿者等。一堂堂丰富有趣的课程不仅开拓了孩子们的眼界，启发了他们的思维，还让他们提前了解了不同的行业，帮他们树立向上的职业理想和正确的择业观。

在和学生一起参加的大讲堂活动中，有一堂课给我留下了很深的印象。学校请来了青岛帆船训练中心的教练来给学生讲解帆船及航海知识。同学们饶有兴致地听教练讲解帆船运动的历史，在教练的指导下学习打不同的帆船绳结。在最后的提问环节，学生问教练："帆船运动很危险，可为什么还有那么多人从事这项运动呢？"教练答道："我曾看过有人这样描写帆船运动——当你一叶扁舟只身航行于大海，面对着似乎可以撕裂一切的狂风，船只在数层楼高的巨浪间被抛上抛下时，你才会领会到大自然的力量。当一个恬淡的午后，风轻云淡，只有你自己的一艘帆船静静地划过碧海蓝天时，每一缕拂面的清风，都是如此神秘与悠远。驾驶一艘帆船，亲近大自然，实现航海梦，体会乘风破浪的激情，感受致命的吸引力。也许这就是帆船的魅力。"教练回答后，全场响起了热烈的掌声，从学生的眼神中，我看到了他们对自然的向往，对人类探索精神的敬佩。润物无声，这就是我们的社会大讲堂。

3.生活资源

德育离不开生活，所以在德育课堂上，我也就这方面进行了整合。在让学生搜集整理"生命的源泉"这一课的资料时，我着重抓学生身边的事。例如在节约水这一环节中，我将学生自己拍的照片分为一水多用，节水妙招等；再从废水的利用中挑出不能用的含磷污水，强调应拒绝使用含磷洗涤用品，将课程落到实处。马克思曾说："生产劳动和教育的早期结合是改造现代社会的最强有力的手段之一。"在教学《小小一粒米》这课时，为了让学生知道粮食来之不易，我让学生模仿农民伯伯插秧时的动作，坚持一分钟、两分钟、三分钟……学生大多数开始喊累了。我及时跟进，让学生说说农民伯伯要辛苦多长时间。仅仅插秧这一个环节，就能让学生体会到粮食的来之不易，明白"一粥一饭，当思来之不易；一丝一缕，恒念物力维艰"。这节课后，我们班涌现出了一个个爱惜粮食的标兵。

4.多媒体资源

随着社会经济的发展，教育的形势、环境不断变化，德育工作的方式和手段也应随之改变。多媒体技术早已走进了课堂——音、像、图、文有机融合、寓教于乐，在学科教学中发挥着极其重要的作用。在课堂上，我也充分利用多媒体的资源，对学生"晓之以理、动之以情、导之以行"。在《我们的母亲河》一课中，我通过多媒体展示，让学生了解南水北调工程及路线，通过一组组图片和声势浩大的视频，让学生直观感受到黄河、长江是我们生命的源泉。在讲到水的保护时，我给学生播放了节水的公益广告——《一瓶水的价值》；在讲《在地球的另一端》时，通过播放乔丹扣篮、比尔·盖茨演讲及爱因斯坦的视频，学生对美国有了部分了解。一系列多媒体资源的应用，提高了学生课堂教学的感受性和有效性。

醉在其中，忘乎所以

青岛市崂山区晓望小学　李振振

作为教师，最骄傲的一刻，莫过于告诉别人"我是一名班主任"的时候。几年的班主任工作，既让我体会到班主任工作的繁琐与不易，更让我感受到甘为人师的幸福。下面我就班主任工作谈几点浅浅的体会。

一、爱不是枷锁，而是学生的软肋

夏丏尊说过："没有爱就没有教育。"作为教师，有爱心才称得上是一位真正的教育者。教师的爱，于学生而言，不是枷锁，而是软肋。

她，是我工作第一年时教过的孩子，在我的印象中是一个邋遢的女孩，性格孤僻，几乎没什么朋友，活在自己的小小世界中，不允许任何人打扰。我曾试着和她聊过，可是她的心门并没有为我敞开。直到有一天下课时，她悄悄地将一张纸条递给了我，用乞求的眼神告诉我"一定要看"。我轻轻地打开纸条，一首简单的小诗出现在我眼前，结尾处写着"请老师帮我修改"，还有一个大大的笑脸。我对诗没什么特别的研究，修改虽不能做到游刃有余，但勉强可以胜任。从那以后，我们经常以这种形式交流心声。值得肯定的是，她在写诗方面确实很有天赋。

一年后她转学了，从此杳无音讯。

两年后，她在QQ上加我，我兴奋极了。她告诉我，她写了一篇关于我的作文，获奖了；她说，她现在在河南上寄宿学校；她说，她现在过得还不错；她说，她很想我；她说，下辈子，还希望我教她，不是一年，是好多年……我无数次地问自己，让一个孩子如此牵挂，我何德何能？让一个孩子把下辈子的童年交付给我，我何德何能？我问过她，她说"只有你不嫌弃我，只有你懂我"。

教育的过程是师生交心的过程。对我而言，"做在孩子心尖上行走的人"不单单是一个口号，更是一个目标，一个拉近我与孩子关系的桥梁，一个指引我前行的明灯。

愿我的一腔热忱能在每个孩子心中留下一点点痕迹，哪怕荡起一丝丝涟漪……

二、慧眼识闪光点，切勿吝惜表扬

以前，身为班主任的我一直苦恼一个问题：自己从心底里关心孩子，有的孩子生病了，也会嘘寒问暖地嘱咐，但为什么对于老师的付出孩子们似乎不太领情？难道孩子们感受不到我对他们的关心？

直到有一次，我读了一位老师的事例，才豁然开朗。老师对孩子的爱应该存在于学习、生活中的任何地方。长此以往，孩子们才会切实感受到老师的关爱。而我呢？什么时候想起来就对孩子关心几句，每当孩子对自己更亲近时，我可能又会拒孩子于千里之外。这种忽冷忽热的爱对于七八岁的孩子而言是模糊的，是陌生的。他们宁可老师不关心他们，也不希望老师对自己的态度有如此大的转变。就像是对待心爱的玩具，喜欢时捧在手心，不喜欢时就扔在一边，等再拿起它时，它身上的灰尘永远也清理不掉了。这清理不掉的灰尘如同老师与孩子心灵的隔阂，出现了就很难抚平。

从那以后，我开始偷偷观察孩子，谁和谁的关系比较好，谁喜欢读书，谁的动手能力特别好……观察之后我发现，每个学生都有特别的一面。比如，班里比较调皮的小泽，是个地地道道的热心肠，每次打扫卫生总愿意帮着同学擦黑板、倒垃圾；胆小的小儒，他很擅长和人聊天，打开了话匣子就关不上了。我借着学生的闪光点对他们进行正面引导。他们虽然年纪小，但还是能分清是非好坏的。

教师对学生说一句表扬的话并不难，难的是这份表扬恰到好处，而且深入人心。我会时刻提醒自己，得到表扬对学生来说，是多么骄傲的事情。我不吝惜自己的表扬，因为我的表扬换来的是学生绽放的笑脸。

三、换一种沟通方式，效果更好

我特别喜欢和低年级的学生打交道，因为在不经意间总会被他们的童真打动。与此同时，沟通却成为一个棘手的问题。仔细反思自己与他们的沟通方式，有时"严"字当头，缺少一丝人情味，学生就不愿意或不敢接近我，这是我需要加强的地方。

一次，学校组织了"青青义教"活动，我挑选了班里学习方面最拖拉的一个男孩作为辅导对象。那是我第一次以不同的方式和孩子沟通，褪去了平日严格的"伪装"，如朋友一般和他交流，那种氛围融洽极了。通过和家长的沟通，我了解到他特别不喜欢读书和背诵作业，几乎没有认真对待过这样的作业。这一天，我正好布置了背诵《弟子规》总序部分，这是一个纠正他习惯的好机会。背诵之前，我鼓励他："我们俩比赛背诵吧，正好老师也没背过呢。"孩子一听，精神头立刻来了。我和他一起，先用手指着熟读了几遍。我鼓励他一遍一遍地背诵，很快就背过了。我之前一直用小粘贴鼓励孩子。这一次，我奖励给他两个小粘贴，他高兴极了。从那以后，他进步很大，上课注意力集中了，写作业速度也快了许多。有一次，学校组织课外知识考试。监考老师说："监考了这么多次，

第一次看他做得这样认真。"我在班里又表扬了他。

有效的沟通必须是双向的。通过与学生的沟通，我也反思了与家长的沟通方式。家长与学生一样，也需要老师设身处地为他们着想。这样，家长才会心悦诚服地把孩子交给老师。

一次，学校组织给有社保卡的孩子续保。这天晚上，我接到了一个妈妈的电话，她火冒三丈地说："李老师，孩子说今天你收了所有孩子的钱，就不要我们孩子的。这是什么意思？"听着她的责问，我没有忙着辩解，笑着问："孩子是这样说的？唉，谁听孩子这样说，都得不愿意啊。"家长一听，态度缓和多了，笑着对我说："你听听这孩子学的话，怎么回事啊？"我笑着跟她解释了事情的来龙去脉，最后家长很不好意思地跟我连连道歉。一个误会就这样化解了。正是因为一开始我就站在了家长的角度上考虑这件事，所以家长才会心平气和地结束这段谈话，如果一开始我就急着辩解，那么家长这种愤愤不平的情绪不会转瞬消失。面对家长和学生，设身处地地为他们着想才是沟通的有效途径。在以后的工作中，如何做好与家长和学生的沟通将是我潜心研究的重要课题。

踏上讲坛将近十载，不奢求学生以后都会记住我，只希望在把他们交给下一任班主任时，我可以做到问心无愧。这样，我就可以徜徉在教育的怀抱里，醉在其中，忘乎所以！

探索中成长，实践出真知

青岛市崂山区张村河小学　隋　然

学校四年级部带领中队队员开展了以"创新创造"为主题的研学活动，我们班宇宙中队的队员们积极参与了此次研学活动。此次中队活动以学生为中心，在班主任和学生共同组成的学习团队中，让学生通过团队交流激发创造灵感，培养创新型思维；同时，让学生主动提出问题、主动探究、主动学习，培养学生的逻辑分析能力。队员们在团队中开展动手实践活动，培养了动手能力和创新能力，增强了他们对班级、学校和家庭的责任意识和荣誉感。

一、从无到有，迈出第一步

为了响应习近平总书记对少年儿童"从小学习做人，从小学习立志，从小学习创造"的殷切希望，培养少先队员的创造能力和创新意识，引导少先队员树立远大志向，学校带领辅导员和队员们来到青岛市高新区机器人中心参观现代机器人设施。

参观时，队员们面对机器设备兴奋不已，一边细细打量，一边议论纷纷。见队员们如此感兴趣，辅导员询问工作人员能否让学生实际操作一下，工作人员搬来了一些不同类型的机器小模型分发给他们。拿到模型后，队员们好奇地翻看着，有的跃跃欲试，有的束手无策，不知道该怎么拼装。我见状，"任命"几位比较有想法的队员为小组长，让他们带领小组成员自由讨论，研究如何拼装机器模型，并根据模型种类命名为"飞机小组""塔车小组""坦克小组"等。

分组后，队员们马上聚到一起，开始了热烈的讨论。有的小组开始动手操作，在一次次实验中摸索；有的小组开始回忆玩具汽车的结构，并在纸上画下图纸，一边指着一边讨论修改。"塔车"小组通过不断修改，率先拼好，组员们兴奋地举着他们的成果显示给每个小组看。在"塔车小组"的带动下，越来越多的小组拼装成功，原来束手无策的队员也大受鼓舞，开始学着动手拼装自己的模型。队员们在组内、组间思维碰撞中，实现了从没做过、不敢动手，到尝试动手，再到愿意动手的转变。

二、从少到多，摸索经验

回到学校后，我展示了各个小组的成果，并邀请每个小组说一说动手创作过程的体会。队员梓涵说："我们组拿到模型后，大家都想先来尝试。我们决定按照顺序来尝试，每个

拼装活动现场

人的失败其实都推动了最后的成功。"队员子浩说："我们拿到模型后都很困惑，大家都不敢先来，但是动手后才发现其实没有那么难。"队员彦乔分享道："我们组按照其他组成功的模型来做，发现其实有一些经验并不能用到我们组里，最后是在大家每个人的尝试下，才最后拼成。"

小组之间的经验分享，让队员们发现其实动手创作并不难，只要敢去做，都可能会获得成功。这种成功往往不是一个人的灵感迸发，而是团队推动的结果。

三、巩固成果，生活延伸

为了巩固这次动手活动的成果，保持队员们对动手创造的激情，我鼓励大家集思广益，为班级或者家庭动手做些什么。

队员鲍博和小组成员联想到学校的垃圾分类活动。他们从班里可回收筐子里找到牛奶盒、塑料瓶、彩色卡纸等物品，按照组员设计的形状剪成圆筒，又将边缘贴心地缠上一圈毛线，放在讲台上盛放粉笔。队员张璇想到语文课上讲

动手创造

的观察植物活动，与队员们动手制作了简易滴漏水盆，来栽种大蒜，方便大家观察大蒜苗生长情况。队员马佳妮和组员觉得关门声太大，就动手用太空泥和木块反复实验，制作了结实的"消声器"并把它安装在教室门口。大家的实践结果得到了其他小组、其他班级和家长们的一致好评，获得了满满成就感后，孩子们对生活有了新的想法和饱满的信心。

四、表彰展示，总结提升

这一个多月的创造活动中，队员们把从高科技园中学到的创新精神内化到生活里。他们发现，原来动手创造并不难，创造不仅仅是科学家的工作，也可以是每个人的工作。

我表彰了优秀小组并进行了活动总结："没有凭空创造，也没有与生俱来，就算是像航天飞机一样的伟大创新，也是从每一个基础的数学公式积累起来的。发明家和科学家就是在积累了大量的知识和经验后，按照科学

原理和逻辑顺序才创造出了现代生活的一切。而我们现在在学校里学习，就是为了从现在'宇宙中队'的小创造，走向未来宇宙的大创造。"

在丰富的自主实践中，队员们感受到了动手实践的乐趣，

表彰时刻

四年级二班中队全体队员

培养了自己的创新精神和动手能力，训练了自己的科学思维方式和团队学习能力。相信他们一定能像习总书记期盼的那样，立志向，有梦想，爱学习，爱劳动，爱祖国，在星星火炬的照耀下，为实现中华民族伟大复兴的中国梦而时刻准备着！

丰赡精神，拔节生命

青岛市崂山区第二实验小学　孙　艳

墨子曰："德为才之帅，才为德之资。德器深厚，所就必大；德器浅薄，虽成亦小。"当下，以立德树人为根本任务的新课改更加指向于人的发展、提升学生的综合人文素养。作为一名班主任，任务就是要为社会培养德才兼备的人。这是为师者的任务，更是时代对教育的呼唤。

一、学会赞美，实现思想上的成长

教低年级学生的老师也许会有这样的经历，那就是小朋友特别喜欢"告状"。他们总是盯着别人的问题和缺点，不太善于去发现和赞美别人身上的优点。所以，从一年级学生会写拼音开始，我就开展了一项"让我大声赞美你"的活动。同学们把平时自己看到的班级内一些文明的行为、帮助人的事迹等，在赞美卡上写下来，然后投到赞美箱里。每周，我们就像抽大奖一样从里面抽出赞美卡。抽到谁的，就请赞美者来诵读，然后郑重地送给被赞美的学生！这样的活动，就是为了让学生去发现身边同伴的闪光点，从小培养懂得欣赏别人的美德，实现思想上的成长。

我们班曾经有个小男生星星喜欢上课随意说话，甚至是脏话。我和孩子妈妈提过此事。妈妈说不太可能，因为家里没有人会说脏话。妈妈也对孩子的表现很震惊。这个小朋友，除了这个缺点之外，有时候还会与人打架。别人看看他的东西，他就会把别人的东西藏到厕所或操场……十几年的班主任工作经验告诉我，每一个孩子都是向善的。后来，我创造了一个机会，让他当文明监督员，还隆重地给他挂了个"文明监督员"的牌。不是让他去管理谁，是让他去发现班级中其他同学值得赞美的行为，发现了之后就向我汇报。我会煞有介事地表扬他，然后奖励他一个小标志，接着就在班里表扬这个被赞美的同学，并且告诉大家，这样好的事情，是星星同学帮我发现的。再后来，当星星跟我汇报的时候，我还是会故意做惊讶状。当然，我没有忘记奖励他小标志……就这样，一天一天过去了，星星因为每天都在发现表现好的同学以及美好的行为，所以对于什么是对，什么是错，他心中也逐渐明了，坏习惯就慢慢地改掉了。现在，星星在每天午饭的时候给同学们分汤，同学们会真诚地说声谢谢。他也慢慢地明白，一个人做好事，才是最有价值的，也会获得幸福感。

就这样，学生在赞美中追求文明，在赞美中培养雅德，在赞美中向真向善，班级也在赞美中更加和谐。

二、懂得感恩，实现爱的相互流转

感恩，是一种人生哲学，不懂感恩的人，无法获得真正的快乐。在过去的教育经历中，我碰到过一些孩子，一味地索取却不知回报。于是我设定了一个属于我们班独特的日子，那就是一年一度的感恩节。

我们班的感恩教育，每年一个主题：第一年的主题是感恩老师，因为老师和学生没有血缘关系，却是真心关心学生的人，所以学生进入学校的第一件事情就是要懂得感恩老师；第二年的主题是感恩同伴，因为同伴是在人生路上带来快乐和给予力量的人；第三年的主题是感恩妈妈……

2020年学期初，我想，能不能让学生为爱而努力？于是，我购买了许多小珠子，根据学生平时在上课、卫生、作业、文明礼貌等方面的表现，发小珠子进行表扬。学生积攒小珠子，串成一串项链，等到12月份感恩节的时候，把一个学期的努力作为礼物献给自己的妈妈，以此来表达对妈妈养育自己的感恩之情。对于妈妈来说，还有什么比收到自己的宝贝用努力换来的"爱之链"更珍贵呢？

感恩会上，孩子不仅亲手给妈妈献上了"爱之链"，还诵读了自己创编的儿童诗。很多妈妈在孩子大声说爱中感动地落下眼泪。我还邀请了三位妈妈讲述了孩子的成长故事。通过故事分享，每一个孩子更加体会到父母养育自己的艰辛。最后，活动在全体同学《感恩的心》的手语操中结束了。

相信这样的感恩活动，一定会在学生心里栽下一棵树苗，将来长成高大茁壮的人格之树。

三、奉献，实现善良天性的传承

班主任经常碰到这样的情况，那就是每年放假的时候，班级的花因没人管理而枯萎。面对这样的现象，怎么办？以往，我会自己定期回学校给浇水，但如何将这件事情变成教育孩子的一个契机呢？于是，我们开展了"绿植认养"活动。

首先，在放假前发起"绿植认养"的倡议，使学生认识到"绿植认养"的意义，懂得自己是班级的一员，要有为集体奉献的精神，号召他们积极参与到活动中。然后，指导学生写好养护日记。这样，一来培养了他们的爱心和责任意识，二来锻炼了他们的观察能力。最后，在假期结束时，让学生把自己负责养护的绿植拿到学校，召开隆重的表彰大会，表扬他们为班级奉献的善行和在养护过程中展现出来的担当精神。

崇高，是中华五千年文明的标识；善良，是中华民族代代传承的美

德！在当今这个拒绝和躲避崇高的年代，守护这份崇高，传承这份善良，是教育者义不容辞的责任。一个小小的绿植认养活动，拉开了奉献的序幕。继而，我们班的学生还积极参与了每学期一次的"争当雏鹰小义工"活动。他们去海边清扫垃圾，进博物馆给市民当义务讲解员，去老人福利院演出……就这样，他们在点滴小事当中，在一次一次的活动当中，践行着人间大道。

一名班主任，要知道，每天清晨家长把孩子交到老师手上时内心的忐忑；要懂得，每个孩子清澈的眸子里对生命拔节的渴望。所以，我们应该让学校成为所有孩子健康成长的场所，组织丰富多彩的活动，提高学生的思想觉悟，培养学生的道德品质，使他们的思想境界得到提升，精神得到丰赡。

我们班的那些事儿

青岛市崂山区松岭路小学 徐 静

很多人说，当中队辅导员不容易，可这依然阻止不了我当辅导员的热情。我与小家伙们"斗智斗勇"了二十多年，想跟大家聊聊我们班的那些事儿。

一、善用班队会课，桌椅不再"哭泣"

我第一次接低年级班级时，刚开学不到两周就迎来了巨大的挑战——班里崭新的桌椅全都变了样：有的桌子被同学用铅笔涂抹得面目全非，成了"花脸猫"；有的椅子腿开始吱吱呀呀地不停"叫唤"，一上课就发出各种怪异的桌椅"呐喊"；有的桌椅上的保护套被扔在了垃圾箱；还有的桌椅连螺丝钉都被拿出来了，已经成了"残肢断臂"……看着这些被"折磨"得不成样子的桌椅，我灵机一动，运用善于讲故事的特长，上了一节奇特的班队会课——"哭泣的桌椅"。

首先，我用故事导入的方式激发了学生的兴趣，接着用拟人的手法给同学们讲述了这几天桌椅的"痛苦遭遇"，然后把那些"残肢断臂"的桌椅拿到讲台上，让同学们认真观察，谈谈自己的感受。果然，这群低年级的小家伙纷纷表示自己以后一定会爱护桌椅。接着，我让大家讨论一下，还有哪些东西需要珍惜。小朋友们由此及彼，纷纷表示要好好爱护所有公物。由此可见，设计合适的班队会课，可以有效地整顿班风。

社会新鲜事与班级教育相融合，可以让教育的视角更广阔。"小学生为老师辛苦打伞"组照一度成为微博热搜话题。到底应该不应该给老师打伞？就这一问题，我在班队会课上让学生展开辩论。正反双方进行了激烈的辩论，最后大家得到一致的意见：尊老爱幼、尊师重教是我们民族的传统。这些形式多样的活动，不仅激发了学生对于社会新鲜事的深入思考，而且有助于培养学生的思维能力、观察能力以及爱国、爱家、爱校的社会主义情操。

二、特殊的班队会：特别的表扬只为你

我们班有个孩子叫小助。每天不停地有同学打他"小报告"：小助打人、小助破坏花草、小助上课很长时间不回教室……总之，我时刻担心小助闯祸。可就是这样一个调皮捣蛋的小助，却是个热心肠。每当班里有需要的时候，他总是第一个跳出来帮忙。

这不，我看到班级的卫生工具丢了，就鼓励同学们想办法，怎样不让卫生工具再从"家"里"跑掉"？同学们想了好多办法，最好的就是冉冉同学提的——"给卫生工具做标记"。这样子，谁家的卫生工具都有了自己特别的标记，别的班的同学就不会拿错了。这个办法真好，一下子解决了班里公物频繁丢失的大难题。可是，标记谁来做，却没有人再关心这个问题了。我也故意没有提，心想，第二天肯定会有同学想办法的。班里这么多同学呢！第二天我出乎意料地发现，只有小助拿着自己亲手制作的小标记来学校了，而且一个个地把小标记贴到了卫生工具上。

看到这样一个热爱班集体的小助，我被深深地感动了。于是，在课堂上，我特意加了5分钟的班队会时间，让同学们来说说自己眼中的小助。

结果不出所料，大家看到的大多是小助平时的缺点，当我说了小助为班集体做贡献的几件小事以后，同学们狠狠地、热情地表扬了小助。在同学们雷鸣般的掌声中，小助自豪地笑了。

这样一个小小的活动，不仅为同学们树立了正确的价值观，而且教会大家，要正确对待每个人，善于发现别人的优点。就这样，良好的班风正悄悄形成。

三、班队委的班队会：知人善用，巧用方法

从二年级刚开学，我就设立了多名班级队委。刚开始，小干部们不管怎么说，同学们都不听。这时候，教给小干部们管理的方法是很重要的，如为什么要当班队委？班干部的职责和权限有哪些？如何管理大家？

在接下来的实践过程中，有的学生展现出了比较优秀的管理能力。这时候，就应该给班干部开个班队委的班队会，鼓励大家思考和探讨：哪位同学管理班级的方法最高效？当出现问题的时候，班干部会怎样做？当学生在做班干部过程中出现了问题，也可以采取这样的方式，让他们勇于开展批评和自我批评。实践证明，让他们用观察、思考、讨论、总结的方式去学习如何做好小干部是行之有效的方式。而且，充分相信孩子、发挥孩子的主观能动性也会给班级管理工作带来意想不到的效果。

四、家长的班队会：家庭是最温馨又最坚实的后盾

家庭是孩子的第一所学校，父母是孩子的第一任老师，良好的家庭教育对于孩子的一生都起着至关重要的作用。所以，要想建设好一个班级，学校与家庭必须取得一致性。在开学的第一次家长会上，我就给家长提出了基本要求：第一，做一个密切配合学校教育的父母；第二，孩子是复印件，家长是原版，所以，家长要注意自己的一举一动，当发现孩子出现问

题的时候，首先要反思一下自己是不是做错了。在后期的家长学校工作中，我竭尽所能地将先进的教育理念"搬到"学校里来，做好家长的思想教育工作和培训工作。只有这样，教育才能起到事倍功半的效果。

五、班队会中班主任的角色：学高为师，身正为范

学校倡导的"捐出一张废纸，献出一片爱心"活动开始了。我在班级进行了热情的发动工作，并且看到同学们不小心扔的废纸，就捡起来，放到废纸箱中。在我和几名小班干部的带动下，同学们纷纷动手，把自己身边的废纸清扫一空，不仅献出爱心，还美化了班级环境。班级一下子变得整洁明亮起来，这真是一举两得！

总之，班级管理是一个漫长的过程，一个好的辅导员，会善于利用班队会，为学生创设适宜的环境，促进学生良好的发展，使班级成为塑造学生心灵的栖居地。

在尊重和信任中耕耘

青岛市崂山区晓望小学　高维磊　陈秀艳

二十多年的班主任工作让我们经历很多，感悟很多，收获很多。其中有委屈、心酸、无奈，甚至激愤，但更多的是与孩子相处的快乐和桃李不言的幸福。"老师和学生之间要互相尊重，互相理解，换位思考，共同成长。"这句话伴随我们与学生相处了一年又一年，慢慢地也成为从事班主任工作的座右铭。

一、以心换心，真诚相待，搭起信任的桥梁

信任是在一次次平等谈话、心灵碰撞、情感交流基础上建立起来的，只有以心换心，发自内心的爱才能达到这种默契。

六年级开学初，我的学生刘刘的父母就每天为离婚之事吵闹，根本无视他的存在。生活在这种境况中的他，过早失去了童年的欢乐，变得沉默寡言，好像一只孤独离群的小鸟，使人看在眼里疼在心上。因缺少亲情的关爱，没有家人的陪伴和督促，他对学习也毫无兴趣，不完成作业就成了他的"专利"。一个聪明的小男孩刚开始描绘人生的画卷，难道就让他这样走下去吗？我在心里不断琢磨着。我一次又一次对自己说："我是他的老师，如同他的父母，应该帮助他。"

真诚的爱可以像火山，暖化冰冷的心。他缺少的是亲情的关爱，我就给予他这种爱，用我的爱暖透他那颗冰冷的心，让他重拾信心，重展笑颜，重获尊重。上课了，他静静坐好，我冲他赞许一笑；当他慢慢举起了手，我对他投以鼓励的目光；当他保质保量完成作业时，全班的掌声带给他成功的喜悦；当他犯了错误，等待他的是老师谅解的笑容……一次次拍拍肩膀的动作，一次次心领神会的眼神，一次次心灵的接触，一次次发自内心的关爱，让他的脸上有了久违的笑容，他开始变得开朗起来。看到他一点点变好，我体会到了付出的欢乐。

二、家校联手，构建和谐的家校关系，形成教育合力

学生、家长、老师就像一个等边三角形的三条边，如果处理不好彼此之间的关系，就不能围成一个等边三角形，甚至不能围成一个三角形。

面对这种微妙的关系，有时老师采取的办法是，学生出现问题，老师家访或叫家长到学校。这会一下子将家长、老师、学生之间的关系弄得十分紧张。问题即使解决了，也只能暂时有效，不久又会反复，再请家长……如此重复，恶性循环。家长对老师不满意，学生对老师不理解，老师付出了很多，叫苦不迭。我的学生出现问题后，如果不到非要跟家长交代一下的地步，我绝不请家长；即使请，也会先与学生正面接触，分析事情原因，找到解决办法，使其认清自己的问题，主动提出改正，并和他一起对事情的严重程度做出判断，再将家长请到学校，由学生自己将事情经过讲出，并谈一谈自己的认识以及今后的改正措施。这样，老师在学生面前建立了威信，也赢得了家长的尊重和信任。彼此之间的关系也更加和谐。

三、互相尊重，在平等交流中不断修正，师生共同进步

师生平等交流，才能促使师生不断修正自己，取得共同进步。师生是

平等的，都有受尊重的权利，有发表不同意见的权利。要求学生做到的，班主任一定坚决做到。班主任要既重言传更重身教，要言出必行，行必有果，才会使学生信服。真正从对方角度去考虑才会赢得学生的理解和爱。

在我的班级中，有一个叫孙斌（化名）的同学，学习基础较差，纪律差，经常不完成作业。当我又一次把他找来时，他对我说："老师，您请我家长来吧！"听了他的话，我不知道该说什么好了。我反问了他一句："难道你希望家长来吗？"他说："不希望。"我说："那你为什么这么说呢？"他回答道："因为我老不完成作业，您肯定会叫家长来。"我紧接着说道："我可没那么想，我只是想了解你不完成作业的原因。如果你不希望家长来，我就没必要请她来，因为这是你自己的问题。"听了我的话，他意外地看着我。看到这一招奏效，我趁热打铁，了解了他不爱写作业、纪律差的原因。他对此十分配合，并保证一定尽快改掉坏习惯，而我也尊重他的要求，暂时不通知他的家长，看他的实际行动。此后的一段时间，他果然能按时完成作业。虽然有时反复，但在与我进一步交谈后都能正确对待。久而久之，他渐渐改掉了不完成作业的坏习惯，我也赢得了他对我的尊重和喜爱。他曾在日记中这样写道："高老师，您真好！"

每个人都需要得到别人的尊重，学生也不例外。只有尊重学生，才能获得学生对我们的尊重、理解。

四、班干部的培养，形成具有凝聚力的班集体

班级就像一把能挡风雨的大伞，光有伞柄和布是不行的，还需要骨架的支撑，只有这样才能撑起一片天空。

班干部就像骨架，对这把伞起着不容忽视的作用。班干部是班主任的得力助手。调动这部分同学的热情，注意培养并发挥其作用，是建设良好班级的关键。因此，在班干部的选拔上，我仔细观察了解，反复斟酌，综

合考虑，成立了班干部班子。

我充分信任班干部，放手让他们开展工作，帮他们树立提高威信，并层层分工，悉心指导，让班干部感觉到老师是他们的坚强后盾。每当组织一些大型活动，如主题班会、外出综合实践、运动会等，我都要把班干部召集起来，让他们发表意见，定方案，周密布置，仔细分工，让班干部都明确自己的职责，各司其职，各负其责。活动后进行总结，谈谈得失，积累经验。

对于犯了错误的班干部，我会耐心教育，积极鼓励，给其信心和机会。我经常在班中指出：作为一个班干部，应时刻以为班集体服务为己任，一定要严格要求自己，做出表率，在工作学习中不断提高自身素质，反复督促自己，切忌骄傲自满、自我满足。此外，我还对不称职的干部及时调换，做到功是功，过是过，奖罚分明，决不含糊，确保班干部队伍整体向前发展。

用责任心圆满教育

青岛市崂山区第六中学　曲海滨

　　班主任是班集体的管理者和组织者，是一个班级几十个学生的引路人。班主任要认真地探索、细心地研究学生的特点，主动做到五个"加强"，对他们进行正确引导，使他们形成健康的人格、理想、信念。

一、加强与家长的沟通，使家长走出家庭教育的误区

　　如今，家长对孩子的期望值很高，都想让孩子接受高等教育，但一些家长对孩子教育的认知存在误区。他们往往重视身体素质培养，轻视心理素质培养；重视智力开发，轻视非智力因素的培养；重视知识传授，轻视能力培养等。他们常常把教育责任推脱给老师，自己却只忙事业，对孩子不管不问。

　　为了使家长尽快走出这种教育误区，我经常利用家长会进行家庭教育的专题培训。假期期间，我还定期利用视频会议与家长进行沟通，交流假期里家长对孩子的教育。我还时常推送一些有关家庭教育方法的小文章给家长，让他们互相学习。一系列与家长沟通的工作可以让家长更新教育观念，让家长对正当、合理、科学的学校教育予以积极配合，家校携手，更好地教育孩子，使孩子形成健康的人格、健康的心理和健康的价值观。

二、加强对学生能力的教育，培养学生的适应能力

班主任不仅要给学生"干粮"，还要教会学生"种地"。要改变只重知识传授的教育方法，实现知识型教育向能力型教育的转轨，要教授学生如何掌握科学的学习方法，提高学生的学习能力。

授之以鱼不如授之以渔。对于各学科的学习，我不仅要求学生掌握基础知识，还要求学生做好课堂笔记，整理难点和易错点，而且给学生提供当"小老师"的机会，让学生讲解习题，锻炼思维，培养能力。

三、加强对学生安全的教育，时刻不忘安全提醒

平安是事业的起点，是生活的真谛，是幸福的源泉。而部分学生由于家庭和学校"保姆式"的服务，缺失安全意识。班主任必须高度重视对学生安全的教育，提高学生的安全意识。

我经常利用班会课对学生进行安全方面的教育，不仅让学生通过真实的案例认识到安全的重要性，还让学生了解自护自救的方法，让学生进行情境体验，学以致用，使安全教育切实落到实处。

四、加强对学生心理素质的教育，提高学生的心理承受能力

初中生心理状况极为复杂，有的因家庭关系破裂，缺少温暖而自暴自弃；有的因自我约束力太差而无心向学；有的因家庭经济比较困难而郁闷寡欢；有的因基础薄弱、学习方法不对导致成绩低下，从而缺乏自信。学生不时出现悲观、烦恼、焦虑、孤独等消极情绪。这就需要班主任走进学生的情感世界，强化学生的心理教育工作。

每当接手新的班级，我都会对本班学生的家庭情况、兴趣爱好、性格特点、学习能力等方面进行全面了解。根据每个学生的具体情况，分别进

行心理辅导，对学生常倾听、勤观察、多调查、善分析、去沟通。同时，我对症下药，用不同的方式给予学生引导、教育、疏导、关心或鼓励，激发学生走出困境的信心，指引他们前进的方向。

五、加强学生思想教育，培养学生正确的意识观念

初中阶段是培养学生养成正确的世界观、人生观、价值观的关键时期，这时期的班主任的一言一行有可能影响学生的一生。

在班级管理中，我经常对学生进行是非观教育、金钱观教育等，加强思想政治教育，对学生进行爱国主义、集体主义、尊老爱幼、助人为乐、勤俭节约、艰苦奋斗、舍己为人、乐于奉献等中华民族传统美德的教育。我还会借助社会实践活动、国庆节、母亲节、感恩节等契机，渗透践行思想品德教育，使学生的品德修养得以提升。

做一名班主任不容易，做一名优秀班主任更不容易。既然选择了教育这份事业，就要热爱这份事业。在班主任的工作岗位上，我将继续用爱心和责任心浇灌学生，用先进的教育理念武装自己，用满腔的热情圆满教育。

教育中的艺术家

青岛市崂山区麦岛小学　闫温霞

　　著名的武术家、哲学家李小龙曾经写过《生活的艺术家》。此书让我对武术、生活有了一些新的认识，所以也以"艺术家"为题。我当然自知与"艺术家"一词相距甚远，但希望每位教育工作者都能在不断成长的过程中领悟教育中的艺术之美。

一、刚柔并济的力量

　　李小龙认为习武之人不应是靠蛮力与对手抗衡，而是要随着对手的动作而动，化解对方的攻势，才能在搏击中取胜。他的功夫看起来既快又充满力量，但他认为功夫的最高境界是要"像水一样柔软"。水看似温柔，却能穿透岩石，柔中带刚，刚柔并济，顺其道而行，才是真的武术之道。

　　李小龙的武术之道给了我莫大的启示。我新接的班级中有一名"小魔兽"。经过一学期的"较量"，可算化解了他的"招式"，更加准确地说是以柔制刚。"小魔兽"缺乏安全感，希望得到所有人的关注。那我就让他感到被关注，经常给他一个真心的微笑；弯下身子和他拉拉手，聊聊天；赞扬他写的字真棒，穿的衣服真帅等。当然，这一切都需要发自内心，发自内心地微笑，发自内心地表达爱和传递爱。只有这样，他才能真正感受到被爱。

二、授权赋能的意想不到

进入21世纪，传统的命令—支配型管理模式已不能更好地应对错综复杂的新时代，企业需要用全新的管理架构取而代之，而授权赋能被视为是新世纪最有效的管理方法。教育之路上的授权赋能又何尝不是一种新探索呢？

我们班有著名的"三大金刚"，尤其是小同。他上课故意捣乱，随意破坏班级卫生工具等。我使出全身解数，也不见有成效。于是，我把这"三大金刚"绑定成一个团体，各个授权，让其各司其职，通过赋能激发其内在的动力。小同虽然纪律性差，成绩却很棒，他负责学习"业务"；大龙成绩落后，但喜欢劳动，那就让他负责卫生"业务"；洋洋号召力强，那就负责纪律"业务"。起初，他们只负责一个小组。待三人正干得起劲时，我又让几名学生加入他们的团队。于是，他们的劲头可就更大了。每天都会看到"三大金刚"密谋"大计"，努力做好自己的本职工作。通过授权，不仅这三个人的改变巨大，而且班级也焕发出积极向上的新活力，似乎每个人都在用尽力量学好。你看，这就是赋能的力量。

三、驱动力3.0时代

我对教育工作的初心是，为每一个学生着想。在工作中，除了研究教学，我更喜欢观察每个学生的行为。我一直相信一位经济学家的一句话：经济学研究的不是金钱，而是行为。同样，我发现在教学上也有异曲同工之处。

靠方法、技巧提高孩子成绩固然重要，但我渐渐发现，关注学生的行为也十分重要。我很关注班级的规则。如何让他们遵守班级规则、学校规则？简单的"胡萝卜＋大棒"的形式不能够真正激发他们的内驱力和创造力。正如丹尼尔·平克所说："这个时代不需要更好的管理，而需要自我管理的复兴。"控制带来的是复兴，而自主带来的则是投入。

于是，我尝试着从"心"出发，激发学生的内驱力，从"如果，那么"的鼓励方式转变成"既然，那么"。学期开始，我会让学生制作一份学期评估分析表，让他们列出本学期最重要的学习目标，各个学科详细而具体。学期末对照自己的成绩单再进行评估分析，在哪些方面是进步的？哪些方面还需要努力？该如何做？等等。让每个学生对本学期的学习有清晰的认知。当然，这只是其中简单的一项。

教师的言传身教极为重要。作为教育路上的引路人，我应不断提升自我，全方面发展，以一种积极向上的态度激发学生追求知识和真理的热情，鼓励他们在努力前行中不怕吃苦，培养他们的韧性和毅力，使其真正成为具有独立人格、国际视野、终身学习的新一代接班人。我也会在教育的道路上与他们一起进步，共同成长。

凝心聚力，建设班级良好学风

青岛市崂山区麦岛小学　赵　耘

班主任在班级建设中发挥着核心作用。班级建设包括很多方面，各方面紧密联系，互相影响。毋庸置疑，良好的学风是班级建设的灵魂，对班级的发展、学生的成长至关重要。

学风是学习的风气，既是一种氛围，又是学生的知情意行在学习问题上的综合表现，能体现出学生在面对学习问题时的思想态度和行为表现。良好的学风是学生的精神风貌，也是他们不断前行的内在动力。"教育不是灌满一桶水，而是点燃一把火。"在学生漫长的求学道路中，内在的精神需求何其重要。班主任建设良好的班级学风，丰富学生的心灵，培养其良好的学习品格，能为其一生的成长奠定坚实的基础。

一、明确班级学风内涵，培养良好学习品质

学习是学生的主要职责。学习的进步和成绩是学生最关心的事情，它影响着学生行为习惯养成和人格发展。提高学生各科学习水平是班主任的职责所在，也是改变班级学习现状的最好抓手。

如何明确班级的学风内涵呢？一定不是直接规定给学生，而是让学生在潜移默化中自己总结出应有的学风。我是班主任，也是一位语文老师。

上课前，为激发学生的学习动力，我总是先表扬语文学习进步和表现优秀的学生，并总结被表扬学生的优点或精神品质。如——

"建昊同学前几次作业的字迹十分潦草。我跟他共同探讨这个问题后，他提出了对自己的要求，保证在今后的书写中一笔一画，认真练字。果不其然，他说到做到，请看大屏幕。从对比中，我们可以发现他的进步和从不放弃、敢于克服困难的优秀品质。这是我们应该学习的品质！"

"洺羽同学语文学习成绩一直名列前茅，但作文还有很大提升的空间。我跟她说，如果能在写作中用环境描写来侧面烘托人物形象，会让文章锦上添花。她回家将自己的作文进行了修改。看，更有文采了！学习好，但永不止步，敢于挑战自己！这是榜样！我们一起好好品读她写的作文。"

"今天有位同学给我发信息，让我心生感慨。她说：'赵老师，对不起。您让我辅导小路同学改正听写本上的错误，可我实在抓不住他，所以没有改完。我作为组长很失职，作为智囊团的成员，没能做好小老师。如果您要扣分，就扣吧，责任我来承担。我以后会让他努力学习。'同学们，如果你收到这样的信息，会怎么想？我特别感动。我忘记的事情，一位组长深深地记得，她忘不了自己的责任。这是小组长的担当精神，将集体荣誉放心中。她就是思棋，让我们把最热烈的掌声送给她！"

诸如此类的评价还有很多。这样的评价才能让学生真正意识到应养成什么样的品格以及品格养成的重要性。

来自学生的例子，最能够引发学生的内心共鸣。班会课和小组讨论总结出了切实可行、积极向上的学风：敢于挑战、不怕困难、不懂就问、集体荣誉。十六个大字深深印刻在学生心里，张贴在文化墙上，成为班级文化建设最重要的部分，也是学生面对学习困难时的指导思想。

二、教师发挥榜样作用，激发内在学习动力

德国哲学家雅思贝尔斯曾说："教育就是一棵树摇动另一棵树，一朵云推动另一朵云，一个灵魂唤醒另一个灵魂。"教师是学生成长路上的教育者、生活的导师和道德的引路人。教师要以身作则，发挥榜样作用，激发学生的内在学习动力。

有次跟妈妈打电话，我问妈妈："妈，你觉得教学是什么？"妈妈连想都没想，直接说道："一个老师教，一群学生跟着学。"一旁的爸爸还插了一句："你要和自己的学生共同进步，别只教学生，自己不学习，那可就落伍了！"我十分惊讶，读了6年的教育学，当了2年的老师，对教学的理解竟然和父母相差无几。我深深反思，自己是否真正做到了言传身教、教学相长？想让学生成为什么样的人，教师先成为什么样的人。如何在学习上发挥榜样作用，让良好的学风"吹入"学生的心里？

首先要找到学生在学习上存在的问题，并细化问题，抓住重点，各个击破。以语文学习为例，语文是各门学科的基础，阅读和写作是教学的重点，也是学生学习的难点。为了让学生爱上阅读，我开始了大量阅读，并利用课堂之外的零碎时间和学生聊书，聊一聊最近自己读过的书籍、杂志，甚至读过的某一条印象深刻的新闻，谈谈自己的感想。学生也聊一聊最近自己读过的书。不是正式的读后感课，只是平时关于读书的只言片语的聊天，便能让学生清楚地意识到，原来老师不是上完课就闲着，而是在读书，在提高自己。语文课中，与读书有关的话题，我会用心做好最充分的准备，侃侃而谈。学生认为我是"博学多才、见多识广"的老师，心中的敬佩之情油然而生。在这种潜移默化的熏陶下，学生真正爱上了读书，把读书当作生活的一部分，通过读书寻找快乐。

语文是语言文字的综合运用，而写作就是最直接的体现。学生不爱

写作的现象屡见不鲜。为了让学生爱上写作，苦口婆心的教学必不可少，然而教师的写作也会激发学生别样的写作热情。教学4年来，我写了将近20万字的日记和教学反思，加上读书笔记、诗歌、散文，一共有大约30万字。我喜欢将自己写的文章分享给学生，尤其是关于班级的日记。他们特别喜欢看。我每次读完一篇自己的日记，都会告诉他们现在写作累计的字数。学生每次看完我的日记，都津津乐道，大为赞叹，原来写作素材可以如此丰富，身边的每一件小事都可以如此生动，原来用心去写，很简单就能写过400字。写作不是为了凑字数，而是为了表达自己。

在我的感召下，学生渐渐喜欢上了写作。写日记已经成为每个学生的习惯。我经常选择有心、有趣的日记分享、表扬。为了更好地发挥榜样作用，我开始发表文章，有幸的是，我的很多诗歌和散文被《齐鲁文学》发表。我转发到朋友圈，目的不是为了炫耀，而是让学生和家长看到，信任自己的语文老师，从而爱上写作。事实证明，充分发挥教师的榜样作用，是十分奏效的。学生的写作水平有了很大提升，上课也更加专注。那种渴望的眼神，让我永远无法忘怀。

我也会联系课文的内容，讲自己的故事，目的是激励学生，让学风在班级传播开来。从读研究生的坚持，到实现作品发表的梦想，到参加心理咨询师的考试，每一次进步和成绩我都会和学生分享。有这样一位积极向上、敢于挑战自己、不怕困难、不懂就问、以集体利益为重的班主任，更是巩固了班级的学风。这十六个字的学风，不仅要求学生做到，老师更要先以身示范。"学为人师，行为世范"说的就是这个道理！

教师以培养学生的综合素养、实现学生的全面发展为目标。学生关注自己的学习过程，更关注自己的学习成绩。每次考试结束，同学们看到自己的成绩，心情各不相同。我看着学生，认真地说："同学们，成绩代表什么？代表你的过去，它决定不了你是一个什么样的人，因为你成为什么样的人，是由你坚持不懈的努力决定的！看到这份成绩，你知道的不仅仅是自己的现状，更知道了将要努力的方向。"理性分析考试的成绩对学风养成有重要意义。奖励考试成绩优秀的同学必不可少，与成绩暂时落后的同学深入谈话、不断激励也十分重要，让学生真切感受到不管处在什么学习水平，老师依然在身边。这就将班级学风落实到教育实践中。

　　良好的学风建设，蕴含着不可估量的教育力量，它源自教师和学生的内心深处，是实现集体教育到自我教育转变的重要途径。

班级成长的两大"法宝"
——建立价值观与提升价值感

青岛市崂山区麦岛小学 李 萍

家风是中华民族文化和血脉传承的重要组成部分，是家庭的"筋骨"和"血液"。如果说家风体现的是家庭成员的共有观念和原则，那么班风则是一个班集体中全体成员的共同观念和准则，它必定是班级成长和发展的重要内在力量，是班主任工作的着力点。在教育教学的具体实践中，在教育实践的反思感悟中，在教育案例的文本阅读中，我认为班级建设的核心，也可以称为使班级"羽翼丰满"的两大"法宝"是建立价值观和提升价值感，它们是同等重要并且互为助力的。

一、价值观的建立，摒弃说理，根植日常

心理学和哲学对价值观的定义十分清楚。众所周知，价值观具有稳定性和持久性，并对人们自身行为的惯性和调节起着非常重要的作用，对自我认知、理想信念、目标追求具有决定性意义。

中国有句耳熟能详的古语："江山易改，本性难移。"何为本性？在很大程度上可以理解为价值观。一名班主任在班级管理工作中，应当把班级价值观的确立作为工作中的重中之重。

每一名学生作为一个独立的个体，汇聚在班集体中，不同家风熏陶下

的学生呈现出不同的思想气质、行为习惯，可谓"百花齐放"。诚然，班集体需要多样化的因子，在思想碰撞中成长。集体中的个人以他人为参照探索世界的不同，才会产生变化和成长的动力。如果这样的多元化没有共同的原则和准绳维系，那班集体也必将成为一盘散沙。在班级管理和建设中，价值观就是原则和准绳，它不是体现在宏大的、不着边际的说理中，而是根植在琐碎的班级日常事务中。

没有一地鸡毛，哪得拨云见日。作为青年班主任，班级管理的实践之路有诸多迷茫和困顿，但最终都在尊重和真诚中有所获得和受益。依稀记得小班干部扔书事件后，我给被扔书孩子的母亲那一通长长的电话。记得班里一位小男孩情绪崩溃后，临时班会课上我和孩子们一起诚恳地交流。我也庆幸没有对那些不擅长学习的孩子步步紧逼，庆幸没有对那些不懂教育的父母居高临下。细数班级文化建设、班级研学、校运动会、儿童节、跳蚤书市、中秋诗会等班级活动的过往，"唯团队力量坚不可摧"的信念已经深深烙下中队文化建设的印记。对学生和家长的尊重、真诚赢得了对方的信任，"团队文化"也使得我们的集体健康有序、茁壮成长。

价值观是一个人做人做事的准则，它的树立离不开观念的灌输和传递。而价值观的传递往往被理解为宏大概念和理论的说教，在这一点上我十分认同儿童犯罪心理学教授李玫瑾老师的观点。她曾在一场教育讲座中强调，好的观念都是"唠叨"出来的。我认为，渗透班级价值观离不开班主任在日常琐碎的班级事务中的"唠叨"。

《老子》中有言："九层之台，起于垒土。"没有哪个班主任能抛开实践谈论经验抑或宣扬理念，管理和建设班集体的"真理"必定来自日积月累、扎扎实实的实践，班级价值观必定要根植于琐碎的日常才能真正建立。

二、价值感在班级事务的推进过程中得以实现和提升

如果有人不断地告诉你"你一文不值",尤其是对你说这种话的人是你相信的人,你会感觉自己体内蕴藏着巨大的能量吗?"信念差距"会影响一个人的成就,信念感较低的人会找不到自己的自我价值和社会价值。

我曾在阅读《父母的语言》一书时颇有感触,尽管这本书阐述的是父母在家庭生活中的语言对子女所产生的无形且巨大的影响,把这种观念移植到班主任工作中也是十分恰切的。

我的学生当中的确有十分不擅长学习的孩子,很多老师都遇到过这样的学生,但每位老师在面对这类学生时的态度和语言是不同的。作为教育者,我们的工作是帮助那些学生克服所有的障碍,在班集体当中努力为学生提升价值感。当学生感受到自己之于他人或集体是有用的,那么他会产生自我认同和更强大的自信心。

价值感往往与责任相联结,让每一位学生在班集体当中承担一定的责任,他才会因此获得价值感。在学生能够胜任的时候,就要开始不断根据学生的能力和特点"量身定做",引导学生完成班级事务。

我的班级中有一位小男孩学习成绩很不理想,学习上的巨大差距让他一度无法获得自信,进而带来的问题是人际交往不够融洽,使得他在很多方面无所适从。在一个学期的"一星期扫地任务"中,他有了显著变化。这个任务是他犹豫了好久之后和我商量的。我毫不犹豫地答应并且告诉他:"我相信你能做得很好,因为我发现其实你很擅长!"这一星期中,我每天都在默默观察他扫地的细节,发现他的确"有一套"。扫地的过程并没有让他感到麻烦,而是让他乐在其中。每天,我都在午休结束后的几分钟向全班同学描述他扫地的细节,并让孩子们从中感受他的责任心,结束时也不忘传递这样真情流露且有意为之的一句:"咱们的集体最需要的

就是这样的同学。"神奇的是，那之后他的学习热情持续时间比之前更久了，上课回答问题的频率比之前更高了，与老师同学的交流比之前更从容了。我内心喜悦至极，这孩子的价值感提升了！

学生完成了重要的班级任务之后，自信心也会随之增长。通过为班集体的运作做出贡献，他们更能够把自己看作班级团队中的重要成员。随之而来的是学习新技能的渴望和满足，这种满足感会延续到班级生活的其他方面。承担职责获得责任感，进而获得更多的价值感，这样有助于学生把精力释放在合适的行为和技能上。

从数不清的真实案例中不难看出，获得价值感是学生在班集体中立足和健康成长的重要基础，价值感的获得需要班主任在班级事务运作过程中科学划分学生职责。需要注意的是，既要避免职责集中在少数学生的身上，又要注意职责划分与学生能力相匹配。

三、价值观和价值感相辅相成、互为表里、相得益彰

"你在表扬他人的人道主义行为或是简单善举的同时，等于是让孩子明白你期望他如何行事以及你看重哪些品质。"这是美国心理学家、"亲密育儿法"大师西尔斯在《亲密育儿练习手册》中的一段话。

称赞行为往往渗透着价值观的传递，更重要的是能够使被称赞者获得价值感。同时，又在价值感的实现和提升后强化了价值观。由此来看，价值观和价值感是相辅相成、互为表里、相得益彰的。

如果说学生是学习飞行本领的鸟儿，那么建立价值观和提升价值感就是使得小鸟羽翼丰满的过程。只有在班级管理和建设中双管齐下，让价值观的建立和价值感的提升齐头并进，"鸟儿们"的才能羽翼丰满、振翅高飞。

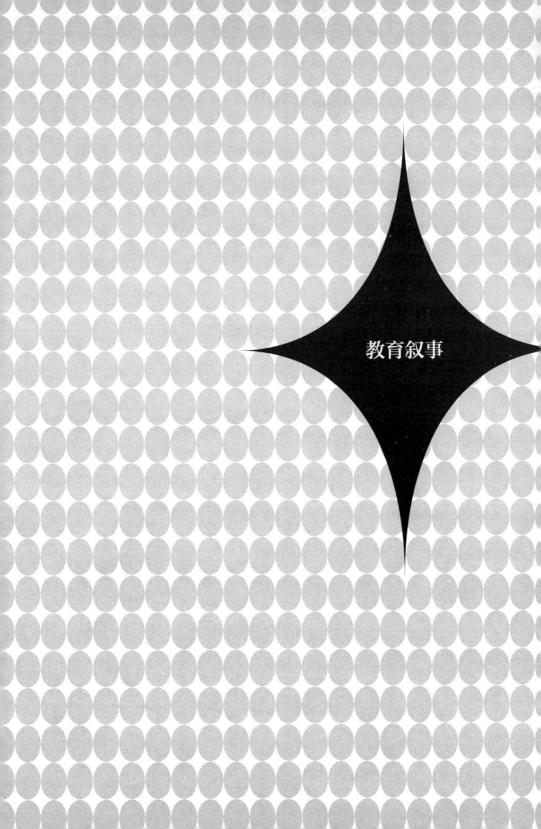

教育叙事

我的闪光少年们

青岛市崂山区实验学校　王艳芳

那天课间，看到班里有个同学在读《笑猫日记》，我走上前去满脸好奇地问他："这本书为什么叫《能闻出孩子味的乌龟》啊？"他说："老师，故事中有一只年迈的乌龟，能闻出孩子味。它只要生活在有孩子味儿的地方，心就永远不会老。"看到他仰起的小脸，我突然觉得此时此刻这个孩子在发光。再将视角转向全班同学，把每个孩子仔细地看两分钟，我发现每个孩子都在散发着光芒。

还记得刚接手这个班的时候，从德育主任到任课老师再到学生家长，都给我提前打过预防针，说这个班有个孩子多让人不省心。后来见到他，我发现这孩子独自一个人被安排到了讲台边上。刚开始，他会眼巴巴地看着新来的我，那眼神里全是未知与渴望。我实在受不了，跟全班同学商量让他坐到正常的座位上。可谁知其他同学反应异常激烈："老师，他总是打人""老师，我们都不想挨着他""老师他一直都是在那里的"……我不认为这是对的，还是不顾反对给他安排了一个看上去体面的位置。

经过漫长的相处，这孩子确实没少惹事儿。有一段时间，他讨厌我，我讨厌他。随着日常的、有规律的忙碌让我和他的矛盾逐渐缓和。这天，是他的生日。刚下语文课，他扭捏地走到讲台旁，笑眯眯地对我说：

"老师，今天是我生日！"我当即大声跟他说："呀！生日快乐呀！小刘同学！"声音很大，大到全班同学都能听到，有几个孩子也呼应我："呀！生日快乐呀！小刘同学！"我看到他脸上露出了满意的笑容。我说："快，把你语文课本拿来！我要送你一个礼物！"众人起哄："一定是额外的语文作业！"小刘同学脸色一沉，将课本递到我面前，我装模作样地翻了翻课本，停在了最后一页上，在页脚给他画了个棒棒糖。"哇——"围观的同学都羡慕得不得了，此时的小刘同学嘴角露着笑，眼中闪着光。

大概从这个时候，我们俩也就"冰释前嫌"了吧。或许，我们应当与孩子们做朋友，去发现他们的闪光点。

我们班有一节体育活动课，在最累的周一。之前，我总是很讨厌这节课，觉得是负担。可是，当我不给学生设限，走近他们时，竟发现，五年级孩子的世界远比我想象得成熟、美好，现在每次体育活动课，我都会到操场跟他们一起玩耍。我们一起聊天，和小女生一起聊小秘密，和男孩子聊体育，偶尔也谈谈游戏。当我身边前呼后拥时，我仿佛是个人生赢家。有一次我下去晚了，他们在组织跳大摇绳。当我刚走到操场的入口，只见小魏同学小飞机似的跑过来迎接我，说："王老师，我们给你准备了惊喜！"我装作颤抖的样子说："不会是惊吓吧！"她引我快步走向操场的另一头，煞有其事地跟小冯同学比画了个OK的手势。他们就开始了表演：以下饺子的形式，一个人跳一下并说一个字，连起来就是"王老师我爱你，工资涨涨涨，生活好好好"。当时的我别提有多感动，我大声向他们说："你们都是些什么神仙学生，我太爱你们了！"他们红扑扑的小脸上，洋溢着满满的自豪感。我看到了每个孩子背后的光。

学校里的学习不是毫无表情地把知识从一个头脑里装进另一个头脑，而是师生之间每时每刻地进行心灵接触。无论哪个孩子，当他出世的时

候，都有优良的品质。在他成长的过程中，会受到很多影响，有来自周围环境的，也有来自成年人的影响，这些优良的品质可能会受到损害。所以，我们要早早地发现这些"光"，并让它们发扬光大，把孩子们培养成富有个性的人。

不期而遇的温暖

私立青岛白珊学校　孙爱荣

在打印机旁，我偶得了一份来自九年级一班夏晨云同学的语文习作《不期而遇的温暖》，应该是语文老师打印时匆匆落下的。

阴天，下雨，总是和坏事结伴而行。没能报上自招考试的我，站在屋外，手中的伞像个摆设一样挂在手指上。

"吱——"哥哥推开门，撑起伞，站到我身边。他侧身看了看我，说："哭了？"我吸吸鼻子说："没。是雨打在脸上了。""我想也是，"他摆正了身子说，"你说你怎么能把自招这大事给忘了呢？"他话里带着笑腔。我没理他，继续吸着鼻子。

雨下得更大了。

他仍然站在我身边，但是没有一点要把雨伞借给我的意思。于是，我开口让他走开，但是他抢先一步，说："没报上也没事儿，以你的中考成绩，也不用发愁。"我苦笑着说："那又怎么样？A不就白考了？"他听完看着我说："那也比我强吧，你哥我可是两个C。我们那时候的自招，可是传奇一样的考试……"说到这里，他突然不再说话，只是低着头，嘴角微笑着。

我看着他问："你们那时候考A厉害吗？""何止是厉害？那可是学霸才能达到的高度！"他说话的语调激昂了很多。我有些意外，问："考A这么厉害？""那可不？所以你知道了吧？你其实很厉害！"说完，他拍了拍我的肩。

雨小了一些，他仍站在原地不动，像个雕塑一样。"别发愁了，就当是一场历练就行。"他又开口安慰我。我点点头，说："知道了。"他低下头沉思了一会儿，突然把伞塞到我的手里，说："雨下大了，你，想再站会儿也行，记得回来！"说完，他跑着回了居民楼。"唉——我有伞！"我看着他的背影喊。他摆了摆手，进了楼。

我擎着伞，阴云密布的天渐渐亮了起来，也许雨快停了吧，仿佛有阳光从中穿过，虽然微弱，却渐渐温暖起来。

这篇习作，道出了15岁少年的悲伤和疑惑，又道出了少年的释怀与坚定。不由得，我自己也感慨万分。

少年之时，总是意气风发，懵懂又美好；少年之季，又是知类通达、立志奋发的重要时期；少年之间，发生过的很多事情，都容易让人铭记一辈子。

思来想去，我决定把我这个"已经迈入不惑之年的人"的感慨和领悟分享给这位少年。曾经悲伤和疑惑的少年，不仅有他，也有我，也有芸芸众生中的绝大多数。于是，我抬笔在晨云同学的作品旁，用小粘贴留下了几行字，但愿能宽慰和启发得了少年。

年少时，总有很多的"在意"和"不在意"，

长大了，有些"在意"变成了"不在意"，有些"不在意"又变成了"在意"。

小时候，不在意的是父母的陪伴和管教，

长大了，愈发感受到有父母陪伴的时光，愈来愈珍贵。

小时候，在意的是小伙伴们，为了谁是谁的好友，撅着嘴巴，哭红了

眼睛，

长大了，才知道人生难遇一知己，一个，足矣。

……

还有那么多的"在意"和"不在意"，

随着时间的流逝，都发生了"反转"。

或许少年长大之后，依然会记得中学时候的全A，

也会想起来某个阴天、哥哥、伞和那一抹阳光。

也能想起来语文习作、小粘贴、少年、在意、不在意，

想必少年，定会一笑而过吧。

时光是一剂良药，抚得了创伤，平得了伤疤，

起起落落中，我们尝遍了人生的个中滋味。

快乐的人不是没有经历痛苦，

而是不会被痛苦所左右。

愿少年，可以明白，

A不等于全A。

全A不等于所向往的生活，

唯有努力不负己。

愿少年，可以牢记，

每个人都有一片海，若自己不扬帆，

久了，这片海就是一片死海。

谨祝少年，

扬起风帆，透过乌云，拥抱阳光。

我把带着小粘贴的语文习作，送到了语文老师处。她笑了，说："这也是少年和教导主任的'不期而遇'呀。"于是，利用全班讲评作文的时机，她把我的文字读给了班上所有的孩子。据她说，掌声响起时，晨云笑得最甜、最暖。

回忆起这一段，我的心里，也总是甜甜的、暖暖的。

期待少年，当打开记忆樊篱之时，能回忆起阴雨天里兄长偶遇的温暖，还有校园里师生偶遇的温暖。

期待每一次朴素的师生之间的"不期而遇"，都可以激起思想的涟漪和心灵的沟通。对少年，对我，亦是如此。

精神的力量

青岛市崂山区实验学校　王莉莉

　　苏联教育家苏霍姆林斯基在《怎样培养孩子的精神力量》里说："要做一个精神上刚强、坚定、坚韧不拔、不屈不挠、勇敢的人。一个人的精神力量是无穷的……"这话令我思绪万千。是呀！每个人不可能一生没有困难，当遇到困难，感到无力时，我们的精神力量可以产生新的力量，这种新的精神力量会让我们更有战斗力。

　　记得多年以前我教过一个孩子，她叫小月。她的爷爷得了精神病，经常犯病，一旦发病，就会在村里攻击邻居，把邻居砍伤、打伤，他们家就得赔偿、道歉，这对本来就不宽裕的家庭来说无疑是雪上加霜。邻居们也纷纷疏远了他们，避之不及。一个麦收时节，小月的爷爷又发病了，家里只得留一人时刻看着爷爷。但是留谁呢？爸爸妈妈需要下地抢收抢种。她上六年级，弟弟才1岁多，还需要人照顾。收割麦子是拖延不得的，爸爸妈妈看着成片的要掉头的麦子，一时想不出主意，就想让女儿——我的学生不上学了，在家看着弟弟，守着爷爷。我知道后，很同情他们家的遭遇，就对她的家长说："无论遇到什么困难，都不能耽误了孩子。上学是孩子一辈子的事。你们把她的小弟弟带到学校里来，我帮看着吧。爷爷的事再想想办法。"也许是我的一番话，唤起了一家人的精神力量。他们商定：再苦再累，绝不耽误小月上学，也没把小月的弟弟抱到学校里来。他们收割麦子时，把小儿子带到地里去，让他自己玩。小月的爷爷被锁在家里，不许出门。小月的爸爸妈妈割麦子割到很晚才回家，早晨天不亮又出发了。小月就在家做饭给全家吃。每天爸爸妈妈筋疲力尽地回家；小弟弟在外风吹日晒一整天，脸蛋黑黑的，衣服脏兮兮的；爷爷在家没人照顾，经常砸坏家里的东西。那情形，小月一辈子忘不了。这困苦，唤醒她无穷的精神力量，她在学习上更能吃苦，成绩越来越好，以优异的成绩考上了高中。她回来看我的时候，我曾经问她："高中学习累吗？"她说："累，但每次累得想放松的时候，就会想到我的爸爸妈妈为了让我上学，累得筋疲力尽的样子，我就又来劲了。"正如苏霍姆林斯基说的："那些艰难困苦，人若是不能去克服它，就不能默默地去饱经风霜，历尽艰辛；然而正是由于能克服它，人才会成为战胜困难的胜利者，成为一个强者。"小月和他的家人在艰难困苦中成长为强者。事实也正是如此，小月大学毕业后，为了和父母一起供弟弟上学，放弃考研，现在成了一名优秀的律师。

现在的孩子的处境大多没有小月艰难。如何培养"顺境孩子"的精神力量呢？我在心里这样问着，继续从苏霍姆林斯基的书中寻找答案。要培养孩子的精神力量，首先让他们从小对精神力量确立"一往情深"的态度，在童年时就要自我教育、自我锻炼，善于要求自己。这种锻炼往往不能脱离体育训练。"精神力量能鼓足肉体力量，使肉体的耐力同细微而温柔的情感融为一体……"这些话使我混沌的思绪豁然开朗了许多。现实中不正是这样吗？

小健并不擅长运动，可他每次运动会都要报800米和1500米。虽然每次都跑最后一名，可是他都大汗淋漓地坚持跑完。他说："我跑，不是为了争名次、拿奖，就是为了让高手带着我锻炼锻炼。"他打动了我。我在班里说："我们不光要为冠军喝彩，更要为坚持到底的最后一名喝彩。"

想想他在被高手拖得筋疲力尽之时，那种坚持到底的精神力量与肉体的耐力融为一体，这种品质是多么可贵呀！自我锻炼使他逐渐成为一名强者。高中之后，他因为不很适应，成绩一落千丈，多次考了班里倒数第一，有时好一点，也是后十名。但他毫不气馁，通过近两年的不懈努力，成为班里的佼佼者。试问：多少高中孩子被成绩打击得失去斗志，导致"习得性无助"，最终放弃？然而，他没有。凭着幼年时练就的强大的精神力量创造了奇迹。高考状元小刘是一名娇小的女孩子，练习游泳总要游千米之外才停下。初中时，家离学校将近五公里，她经常跑着去上学。她练就的耐力不也是一种强大的精神力量吗？

时下，经常会听到某学生抑郁、跳楼等触目惊心的案例，让人痛心疾首。现在的孩子太脆弱了！这些孩子到底缺少什么，让他们生活得那样苦？我想：家庭、学习、事件只是一个个诱因而已，根本原因是他们内心缺少强大的精神力量，缺乏意志力的锻炼。苏霍姆林斯基说，培养孩子精神力量的准则是"在一个人的童年时期能对自己做出似乎他做不出的事而千百次地感到惊奇，即对自己的精神力量感到惊奇。只有在这种惊奇之下，才会彻底地去蔑视懦弱、意志薄弱"。

反复咀嚼苏霍姆林斯基的话，仿佛听到他在语重心长地提醒我们：一个人的精神力量是无穷的，能为孩子开拓出幸福之路。为人师，为人父母，千万不要错过孩子幼年期的精神力量锻炼，要与体育训练结合起来，要让他们一次次对自己的精神力量感到惊奇……

爱的呵护，重拾自信

青岛市崂山区实验学校　刘君晗

　　每个孩子都是上天送给我们的礼物，我的孩子是，我的学生也是。我曾无数次期待我的孩子上学后会特别出色。他三岁能识字，五岁能无障碍地阅读，对数学、科学有着执着的热爱……但开学的第一周，我被现实狠狠打了一巴掌。我的孩子上课坐到地上，不听老师的指令，课堂上随意说话，自顾自地看书画画……他成了令每个老师都头疼的学生。

　　就在我作为一年级家长焦虑的同时，我担任班主任的四年级五班，也渐渐显露出问题：小胖因为作业多在课堂上打滚，小天每节课都在啃他的手指甲，总是挂着鼻涕、口齿不清的小奇说有人欺负他……

　　这是怎么了？以往13年的教学工作里从来没同时出现过这么多问题。我调动一切经验也无济于事。

　　我是老师，也是一位母亲，看着班级里不同寻常的小孩，他们很多地方都和我儿子很相似。这是感统失调的表现。

　　感统失调通俗的来讲就是"儿童大脑在发展的过程中出现很轻微的障碍"。很多老师和家长可能会以为感统失调的孩子是有缺陷的孩子，其实不然。感统失调的孩子在智商方面没有问题，甚至更聪明，只是因为感统失调，使得很多优秀的方面表现不出来而已。

我的孩子属于触觉迟钝、前庭觉失调的类型，表现为做事情磨蹭，听指令做事情缓慢，体育运动不协调，喜欢坐地上，喜欢专注于一件事……

　　感统失调不会随着孩子年龄增长自愈，反而会由于身体发展不足，在成长的道路上比其他孩子走得更辛苦。同样的事情，也许最终他也可以完成，但他需要付出比一般孩子更多的努力。

　　我学着接纳自己孩子的不足，面对班里有相同情况的孩子，也试着包容。我查阅资料，购买书籍，边学习，边实践。感统失调的孩子从小的生活经历非常相似。这些孩子大多由爷爷奶奶带大，从小备受呵护，在小的时候缺少爬行体验，几乎足不出户。一切大人眼里有危险的、不卫生的物品都碰不得……这些孩子缺乏运动，缺乏游戏，缺乏大自然的熏陶。由于家长过度保护，孩子该爬的时候没爬，该哭的时候不让哭，导致日后的协调性、平衡感差甚至语言表达差。同时，家长对孩子的期望值很大，将大部分精力放在了培养孩子的认知学习上，而忽略了意志品质的培养，注重营养补充，却忽视体育锻炼。这些都是造成感统失调的原因。

　　既然这些孩子从小缺乏运动，那我就带着他们运动。从简单的跳绳开始，我先在班里组织学生开展"跳绳小达人"比赛。每天中午的体育运动时间，我也拿着跳绳和孩子们一起进行一分钟跳绳打卡。班里几个感统失调的孩子在跳绳上明显落后。四年级开学初，小胖一分钟最多跳20个，后来，他坚持跳绳打卡。最近，他的新纪录是一分钟58个。小奇也在坚持跳绳，现在他一分钟能跳130多个。我的孩子上一年级时，一分钟最多跳60个，现在已经能一分钟跳140个。

　　跳绳不是万能的，却"量变引起质变"，跳绳这项运动让孩子们渐渐找到了成就感。跳绳个数的进步、每天的坚持，使这几个孩子上课听讲专注的时间也在延长，爱啃手指甲的小天也变了，从一开始被老师提醒几十次，到现在提醒十几次或者更少。

除了运动，触觉失调也是大部分感统失调孩子的主要特征，表现为比平常的孩子更粘人，渴望被关注。他们的行为表现为动手打人，上课发出一些怪声，脾气比较暴躁，还有一些表现为对老师、同伴的评价不在意，不会察言观色。

　　很多老师和家长有过相似的经历，当你让一个学生做什么的时候，反复地喊很多遍，甚至吼，他们都无动于衷。这些学生的触觉失调导致他们常常不关注外界的事物，不能从你的语气和面部表情中识别你的心情，更不理解你为什么会生气。

　　面对这样的学生，我学着使用温柔的语气跟他们沟通，直接表达我的想法，比如，"我对你有期望""我现在很着急""我生气""我难过"等。学生走神时，需要有人走到他身边亲自把他拉回来。在这些孩子取得一点成绩时，我会给他们一个拥抱，让他们切身感受到老师的关爱。不知从何时起，爱的抱抱成为我班最高的奖励。

　　小新经常在课堂上发出怪声，扭动椅子。这是焦虑紧张引发的抽动症，也是感统中的本体觉失调。他的身体会无意识自律失常，随时处于紧张和焦虑中。我知道他不是故意的，他也不想这样。课间，我都会给他一个温柔的拥抱，并悄悄告诉他，有毅力的学生一定能克服身体上的小动作。他一开始胆怯紧张，后来能跟我说上几句悄悄话。他说，是因为害怕才乱动，小时候怕妈妈打，学校里怕老师批评，上课怕回答不出问题……现在他不怕了，因为学校里的刘老师比妈妈还温柔。

　　爱的拥抱是有魔力的。这一年里我拥抱过班里的每一个学生，有几个学生我坚持天天给他们一个拥抱。学生们从一开始被我抱着紧张不安，到现在在走廊里见到我，离着好远就伸开双臂。

　　这一年里，面对一群感统失调的学生，我摸索着前进，不离不弃。看着自己的孩子渐渐变好，看着班里的学生有了进步，看着班集体整体积极向上，我很欣慰。经过一年的相处，我对这些孩子的真实情况和一些异常行为有所察觉。我会不断学习有关儿童心理发展和感觉统合方面的知识，耐心地帮助孩子，逐步延长他们集中注意力的时间，允许他们和其他孩子有一定的差异。

爱的呵护，定能让他们重拾自信。

让教育激情保持在"三十七度二"

青岛市崂山区实验学校　鉴雅婧

2016年夏天，带着初生牛犊不怕虎的闯劲，我来到了一所刚成立一年的新校区，接手了30位新市民子女的孩子。为了生计，整日奔波的家长没有时间关心孩子的内心世界。而对于班上几个孩子，作为新手的我更是束手无策。

印象最深的是一个小男孩儿，他可爱、聪明但是倔强、叛逆。总有学生跟我说："老师，他又打人了，挠人了。"有一次，他甚至掀翻了桌椅，吓得其他同学全都蜷缩在角落里，瑟瑟发抖。当我听到声音，快步走进教室时，看见他涨红的小脸和攥紧的拳头，两只眼睛似乎冒出熊熊大火但又强忍着泪水，咬牙切齿地说："鉴老师，我愤怒了！"我一时惊讶得一句话也说不出来。"愤怒"这个词语竟然能从一个一年级的孩子口中说出，并且如此愤恨不平。后来，通过家访才发现，他其实是个热情的孩子，只因常年留守家中，所以不知如何表达感情，如何融入集体。于是，我开始一步一步陪伴他成长，教会他如何轻轻握住同桌的小手，如何委婉说出"我也想玩这个游戏"，有时候还会拉起他的小手一起走进班级游戏的队伍里，直到他和别人的手轻轻握在一起我才放心退后。

转眼间4个月过去了，有一天一节美术课后，他突然跑到办公室，肉嘟嘟的小手鼓鼓的，忽闪着眼睛满脸通红地跟我说："鉴老师，这个送给你！"他摊开小手，是两个太空泥作品。每一个都憨态可掬的！看看他的作品再看看他，刚上学时倔强、叛逆的眼神也开始变得温暖、柔和了。或许他心里还有很多话想对我说，只是羞于开口，但是这两个沉甸甸的礼物已经包含了他满满的心意。因此今后的很长一段时间，我都把它摆在桌子上。每当他走进办公室看到太空泥，温暖的笑容就荡漾在脸上，犹如一缕和煦的阳光照进我们的心房。

还有一个孩子，他的父亲做汽修，母亲常年在老家，所以一日三餐孩子全在汽修房吃。卫生情况可想而知，走路时甚至没有孩子愿意和他牵手。然而，周一检查个人卫生时，他像提前知道了似的，羞愧地低下头不敢看我。我走到他身边，俯下身低声说："好久没剪指甲了吧。来，去洗洗手，老师给你剪吧！"没想到他乌云密布的小脸上立马雨过天晴，洗完手后开心地站在我身边等候。一看他的手，我惊呆了，十个手指上满满的肉刺，很多已经被他撕得结痂凹陷。我心疼地问他："疼不疼？"他不在乎地说："不疼，已经习惯了！"当听到这时，我百感交集，喉咙像被什么堵住一样说不出来话来。那天，我用了整整一个中午的时间帮他剪指甲、剪肉刺。他看到自己那修剪得整整齐齐的指甲时，涨红了小脸，低声说了句"谢谢老师"，然后举着小手左看右看，欢喜得不得了。我不禁感慨，这是他两年内第一次主动和老师说话，这句"谢谢"，我等了整整两年！

暗礁隐于水下，暗流浮于心间。每位教师在从教多年后都可能遭遇"暗礁"的来袭，激情的退却。在这时，要时刻提醒自己三十七度二的温度，站定立身，在反思中超越自我。

正面管教，成就真爱

青岛市崂山区麦岛小学　于　斌

提起小张，脑海里浮现的总是调皮、散漫，喜欢捉弄别人。因为父母离异，他跟着奶奶生活，作业从来不能按时完成；自我又自卑，总觉得别人在挑衅他，一句话、一个动作，甚至一个眼神都能激起他的愤怒，而将拳头挥向别人……这样的他在同学眼里是个让人讨厌的小家伙！久而久之，小张变得形单影只，做什么事都是一副毫不在乎的样子，也没有人愿意靠近他，更不愿和他做同桌。

一天课间，小张同学又和同学发生了冲突。他突然倒地，身体蜷缩在一起，嘴里大喊："疼死了！疼死了！"但同学们见到这一幕见怪不怪，因为他踢球时经常在球场假摔，也表现如此。于是，有同学在旁边喊道："假摔！假摔！"小张同学却怒目圆睁，大声辩解着："我没有，你们冤枉我！"教室里喧闹一片，我闻声赶到时，看到的就是这一幕，顿时感到火冒三丈。但我发现，豆大的汗珠从他头上冒出来，眼泪也是夺眶而出，似乎不是假的。于是，我把他从地上扶起来，问他哪里疼，是不是被同学碰伤了。他用手指指后背，话都说不出来了。我掀开衣服，发现在他的后背脊梁上长了一个大大的疖子，都快有山杏般大小了，通红通红的。我问他："奶奶知道吗？"他说："奶奶知道，没啥要紧的，用个拔毒膏拔一拨就好了。"我知道老人肯定是不愿去医院，嫌麻烦，就想用这种老办法来帮孙子治病。但这个疖子已经长得这么大了，马上就要冒头了，这小张同学又一直调皮好动，万一碰伤了，流脓流血感染了，后果不堪设想。

我打电话联系他的奶奶，把课间发生的一幕和小张的痛苦不堪告诉她，但电话那头的奶奶，没有半点着急，还一直让我放宽心，说"没问题，小毛病"，就是不肯带孙子去医院治疗。没有办法，我又联系他的妈妈，此时他的妈妈正在怀孕生二胎，接到电话后很不情愿，推脱说以奶奶的办法治疗就行。我把我的担心告诉了他的妈妈，并说如果下午不把孩子送到医院治疗，那我就亲自带孩子看病。这才说动了妈妈带他去看病。后来接到医生的诊断结果后，小张的妈妈给我打来电话，说是非常感谢，因为医生告诉她，如果不马上动手术治疗，这个疖子很容易感染，也会给孩子带来更大的痛苦。

在小张去医院看病期间，我特地在班里召开了一次班队会，把小张的病情如实告诉同学们，请同学们摒除成见，真诚热心地关心每一个需要帮助的同学。小张同学倒地是真的，他的痛苦是真的，他生病也是真的，此时同学们应该伸出双手，去拉他一把，良言一句暖三冬，让他感受到集体的温暖，而不是感到被集体所抛弃。"你们希望自己的队友掉队吗？一个温暖的眼神，一句暖心的话，一个拥抱，伸出一次手，都会拉近他和我们的距离……现在社会上有些不好的现象，如假摔讹人的，也有做了好事被人诬陷的，但这些都是阳光下的阴霾，要相信我们身边处处充满真、善、美。"

班干部带头承认错误，说不应该在小张最痛苦的时候袖手旁观，也有的同学站起来说不应该围观起哄，还说他假摔……我们随即制订帮扶小张同学的计划，内容都是大家一起拟定的。正如《正面管教》中提到的，和善而坚定。态度和善，充分表达对孩子的尊重；坚定则在于尊重我们自己，尊重情形的需要，例如通过"暂停"方式让双方都回归冷静，再坚

定地执行规则或决定；让孩子参与到设立限制中来，他们对于自己参与设置的规则，更有兴趣去遵守。

当小张再次回到班里时，同学们纷纷围住他，问他手术进行得如何，还疼不疼；嘱咐他不要随便乱动，防止感染。此时的他双颊通红，眼泪在眼眶里不停打转。下课时，我正面对黑板往墙上挂锦旗，突然身子一下子悬空。他把我抱起来，喊道："于老师，我抱着你挂！"我赶紧说："快放下我，别扯疼了伤口。"

小张回到班级里，面对的是一张张真诚的笑脸，一句句暖心的问候。此时的他心情是激动的，他用一个拥抱表达的是对老师和同学们的感激。

用真诚的师爱转化学生

青岛市崂山区第六中学 胡 蕾

八年级学生要求独立的意识越来越强，但他们自身的身心发展并不完全成熟，思考问题不够全面，因此在学习和生活中容易出现许多问题。如，成绩两极分化严重；问题行为凸显，公然违反校纪班规情况时有发生。针对这些情况，作为八年级的班主任，我力求避免学生在学习上的"恶性分化"，立足"培优秀稳后进"的原则，帮助学生补齐短板；同时，注重投入真情转化"问题学生"，杜绝或减少问题行为。本着"用真诚的师爱唤醒学生"这一教育理念，我的班主任工作紧紧围绕着唤醒、感化、转化三方面进行。

教育学生讲究"先说情，再育人"。学生一进入学校，我就先和他们建立良好的关系，让他们感受到我的真诚，感受到我对他们的关照源于"爱"与"喜欢"。除此之外，尊重他人是美德。教学伊始，我就将学生视为独立的、有尊严的个体，用平等的心对待他们。这样一来，学生在学习和生活中自然而然地会理解我的观点，认同我的做法。不仅如此，我在课堂上也特别重视宣传任课老师的感人事迹，帮助学生和任课老师搭建起爱与理解的桥梁。例如，我经常在全班同学的面前说，生物老师的孩子才三个半月，她就回来上班；数学老师在怀孕情况下批卷子。"我们任课老师是如此敬业，大家应该用心学习，做得更好才对。"同学们看在眼里记在心里，真的会相互提醒，好好表现。对于犯错误的学生，我也不是一味地训斥和挖苦，而是在情与理方面多进行疏导工作。即便我偶尔情绪起伏较大，也不与学生发生摩擦，做到有的放矢。

在教育个别学生时，我偶尔会使用心理学中的相关策略，有意识地冷淡一下学生，然后再找恰当的机会和他交流，并郑重地告诉他存在的危害及后果，动之以情，晓之以理。比如，我班有两位男生，自习课乱讲话，甚至旷课。有一天，澍同学和磊同学犯错时，我让他们看我的工作状态，他俩竟然说："老师你比我们累。"我给澍同学写了一封励志信。澍同学说："老师，我背过它。"他一条条背，我一条条检查。在不知不觉中，我们都受到感召和教育。他说："老师我明白了，我的确是没有管好自己。对不起，我错了。我今后必定改正。你相信我吧。"在那之后，他果然变了，自律性有所提高。每次我看见他时，都用鼓励的目光去看他，找机会关心他，让他真正感受到老师的温暖。

老师要和学生建立真诚的师生友情，对学生多点宽容、尊重、理解，站在他们的立场上分析问题，与他们真诚交流。学生在学校一般最"怕"班主任，最畏惧班主任请家长。如果不"怕"这两件事了，他们就很容易变成"危险学生"，那可能会"出大事"的。所以，老师要用真诚的师爱唤醒他们，这样他们才能够理解老师的良苦用心，自觉积极地去学习和生活。这就是所谓的心诚则灵吧。

将爱融入日常生活中，多点信任，多点帮助，多点落实，真正起到表率作用。著名教育家马卡·连柯说得好："老师个人的榜样，乃是青年心灵开花结果的阳光。"真诚的师爱是能感化学生的。前几天，我在微信群中说："天冷了，请各位家长早晨给孩子们做热腾腾的早饭，不要让孩子们饿肚子上学。我准备了薄羽绒服，在校期间，穿得少的孩子可以向我借衣服。这几天有感冒的同学，请家长关注孩子的情况，让孩子及时服药和休息。"多说这样诸如此类的话，就会让温暖在彼此的心间氤氲，很多的事情便能"水到渠成"了。

九年级分班了，每当在走廊上看见以前班的学生，我总是和他们聊两句，或者叮嘱几句，或者微微一笑。看见以前经常打闹的同学也感觉他们很可爱，就像他们没离开我一样，这就是班主任的"痴心"所在吧。

总之，担任班主任20多年来，我认为做到"四心"是胜任班主任工作的关键：自己工作尽心，家长对我放心，任课老师有信心，学生能够安心。老师只要能调整好心态，先建立真诚的师生友情，把自己该做的事情做好，学生自然会想办法做好他们该做的事情。只要我们舍得花时间、花心血，就能用真诚的师爱唤醒学生、感化学生，使学生的问题更少，最终实现"先说情再育人"的理想境界。

怎一个"情"字了得

青岛市崂山区华楼海尔希望小学　刘艳秋

　　那一年，我新接手了五年级一个班的教学兼班主任工作，由于从半道接手，加上孩子们处于叛逆期，所以班级管理不是很顺手。

　　班里一共有36个学生，男生有20多个。几个调皮的男生使班级管理更加棘手。为了更好地开展班级工作，我对几个男生进行了仔细观察。在这几个调皮的男生中，有一个叫锋的男孩，是他们这一小团体的"首领"。俗话说擒贼先擒王，为了收拢"民心"，我必须先从锋入手。锋的个子很高，爱打篮球，性格外向，善于交际，只是学习成绩不好，又不肯用功。我看了一下他的家长通讯录，发现他与母亲同姓，通过打听才知他母亲与他的生父离异后，在他二年级时改嫁过来。由于他基础不扎实，到中高年级学习有些吃力，加上他不够勤奋，所以成绩一直不太好。但他性格开朗，为人热情，所以朋友很多。我单独找他聊了几次，给他讲了班集体凝聚力的重要性、对他学习寄予的期望，并给他安排了学习班长做他的同桌。但是一个星期之后，我发现他依然我行我素，课间乱跑，撞伤别的同学，被校长领到我的办公室里，让我处理。当我看到他那双因为做错事而胆怯的眼神时，我知道锋是可以转变的，但是怎样才能找到恰当的教育方式呢？我想起李镇西老师在《爱心与教育》中写道："常常有人问我，当一个好老师最基本的条件是什么？我总是不加思索地这样回答："拥有一颗爱学生的心！"怎样让他接受我？让我走进他内心呢？

我先走进他的家庭，了解他的成长环境，发现他有一个成为篮球巨星的梦。我先利用课余时间给他补课，鼓励他的点滴进步，鼓励他实现梦想，同时让他把精力多放在学习上。经过长期不懈的坚持和努力，我的真心付出与真情奉献打动了他，使他在追逐梦想的道路上越走越坚定，成绩进步很大，年终还被评为学校的"三好学生"。

一个孩子的进步，源自内驱力，只要我们用情拨动了孩子内心最柔软的那根弦，调皮的孩子也能走上正轨。

以爱育爱，润物无声

青岛市崂山区沙子口小学　汪　萍

　　小磊同学身体羸弱，有点营养不良，但是他头脑比较灵活。正常情况下，他每天早上7点半左右就到校了。但是有一天早上，上课的铃声响了他才进教室。第一节课还没上完，他就举手示意说肚子疼、想吐。

　　学生生病，老师是不敢有任何怠慢的。于是，我赶紧给他妈妈打电话。他妈妈听后说："老师，他应该没什么事。因为他没有完成昨天作业，怕你检查他的作业。"听他妈妈这样说，我心中就有数了。下课后，我看他还在捂着肚子，就扶着他到了办公室。我让他坐下，然后一边给他倒热水，一边拿出一包饼干来，说："小磊，你早上是不是没吃饭呀？"他说："老师，我吃饭了，但是在上学来的路上都吐了。"虽然不能准确判断他说的是真是假，但是我敢肯定他早饭没吃好，又怕老师检查他的作业，所以撒谎说肚子疼，想回家。我一边安抚他，一边说："你先喝点热水，吃上几块饼干，胃里有点东西就舒服了。我已经给你妈打电话了，她一会儿就来接你。"至此为止，我一直没有提作业的事。课间10分钟很快就过去了，他在办公室吃了几块饼干，又喝了一杯热水。看他妈妈还没来，我就让他先到教室上课了。之所以这么做，是因为新冠肺炎疫情的关系，复课后老师都急着赶进度，每天讲的都是新课。小磊本来基础就不太好，如果再落下新课，根本没时间补。

课间操的时候，小磊的妈妈来了。因为小磊肚子疼不能上课间操，我就把她们母子留在了教室里。其实我之前已经和她妈妈沟通好，让他妈妈做做他的思想工作。利用课间操30分钟，他已经主动把落下的作业补上了。等我们上完课间操回来的时候，小磊说感觉舒服多了，不用回家休息了。也许是我的真诚关心打动了他，下午放学的时候，他主动向我承认了错误，并表示以后一定认真学习，要做一个诚实守信的人。我和小磊不约而同地笑了。我又趁机对小磊进行了生活学习、饮食方面的教育，他听后充满感激地点了点头。

事后一想，假如小磊一进教室我就检查他的作业，或者在他说肚子疼的时候就毫不留情地揭穿他，那又会是怎样的结局呢？

与学生朝夕相处，我始终把两句话放在心上，那就是"假如我是孩子""假如是我的孩子"。这样的情感付出使我对孩子少了埋怨，多了宽容；少了苛求，多了理解；少了指责，多了尊重。家长把天真烂漫、聪明伶俐的孩子交给老师培养，这是对老师的极大信任。我又怎么能不全身心地去爱他们呢？我坚信，我也一定能以一颗至真至诚的爱心感动我的学生。

不能说的秘密

青岛市崂山区沙子口小学　周芸芸

　　临近期末，我却不争气地病倒了。上午去了医院，去之前交代班干部一定要守护好班级，又叮嘱大家要"乖乖听话"等老师回来。中午返回班级，孩子们都已经开始了自习。教室里静悄悄的，大家都在按部就班地上自习，我很是欣慰。

　　坐在讲桌前，我无心地翻看了一下班级日志，发现今天还没有人记录任何内容，便随口一问："怎么，今天没有大事发生呀？"

　　没想到，我的话音刚落，教室里突然就热闹了起来，不少孩子咧开嘴，表情很夸张地大声嚷嚷着："有大事！很大的事！""什么事？"我好奇地问。他们神神秘秘的，竟然齐刷刷摆摆手说："老师你不用知道啦！"这些故弄玄虚的孩子！搞得我倒像是个好奇宝宝。嗯，看样子是有故事的，还是不愿意让班主任知道的故事。

　　我偷偷地喊来小课代表，注意，她可不是我的"内奸"。班主任，还是要掌控大局的！他们口口声声吃喝的大事，我怎么能不调查一下？小课代表在我跟她拉钩保证不"泄密"后才吐出了实情：原来，午饭后，有一个同学自发从家里带来了除胶剂。教室的地面黑漆漆的，上次我和他们清理了很久也没成功。这个有心的孩子带来了"法宝"。但是因为味道太刺鼻，关于是否喷洒，男生班长和体育委员意见不合，并且在班里针锋相对，拉开了"嗓门拉锯战"，在班里引起了小"动荡"。还好女生班长和学习委员及时劝阻，风波平息。两个男生自己去情绪角解决了问题，握手言和。当时，这些家伙便在班里密谋，这事要守口如瓶，因为他们知道我去医院看病，怕我知道后，再生气上火会影响健康。

课代表讲完了。没想到这就是大家口中的"大事"。可是，就是这样一件"大事"却触动了我的内心，这些孩子们啊！我对课代表说："既然你们不愿意让我知道，那我就当不知道吧。"

事后，我还是偷偷找来了相关当事人，和他们谈了心。但是，这件事，没在班里再提过。其实，小孩子的心思，他们能藏住什么秘密？关键是，他们愿意为了我守住一个秘密，这对我来说不是很宝贵吗？

用心用情换真爱

青岛市崂山区西韩小学　刘雪峰

一、佳佳的故事

刚接班不久，我们班转来一位多动的男生佳佳，智商较高，但习惯很差。他上课几乎不听讲，一提写字就头痛。慢慢地，我发现他的确是个好苗子，智商高，记忆力好，知识面较广，但是意志力薄弱，做事不是很认真，有时课间还骂人、打架。因此，成绩不是很理想。关键是，如果老师太过严厉，他的压力大了，就会影响他的身体健康。家长希望孩子在学校能够快乐轻松地学习，这令其他任课教师很头疼，同学们也不是很喜欢他。

最初，我觉得对待他一定要严厉，这是被宠坏的孩子。于是，我对他没少批评，但是未见成效。有一次自习课，我刚进教室，发现他正在转头，便雷霆一怒，狠狠地批评了他一顿。开始，他一副欲言又止的样子，后来，在听到我说起他以前的种种过错时，脸上便没了表情。显然，他放弃了。难道是我错怪了他？后来，我才知道，当时是后位的同学跟他借东西，其实他整节课都在写作业。没想到，我伤害了他。从此，他对我冷淡了，连对我的课也失去了兴趣。

又一次在课堂上，其他同学都在认真听课，他却趴在那里"睡觉"。

我刚要发火，转念一想"会不会是不舒服？平日他可是难得安静呀"，便走到他身旁，轻声问："你怎么了？哪里不舒服？"当我无意间碰到他的额头时，发现好烫啊！于是，我赶紧与班长一起，扶他到了诊所……事后，我并没有把这件事放在心上。但是，他变了，听课时是那么认真，回答问题很积极，家庭作业也能及时上交，成绩也有了显著提升。虽然偶尔还有一点小反复，但已经有了很大的转变。他的知识面比较广，看过很多书，于是我就买了几本关于男孩立志成才的书送给他。后来，他不但作业交得及时了，书写也认真了。在与他交流的时候，我能感觉他对我的感激，从他父母的语气中也感受到这股浓浓的情意……原来，他是如此在意老师对他的态度呀。

后来，由于他在课堂上的出色表现，尤其是写文章的天赋，学生对他颇为欣赏，他被推选为我们班文学社的社长。

二、小东的故事

小东是一个非常聪明却调皮的孩子，上课会因为一点小事故意大笑或站起来引起别人的注意，任课老师很是头痛。面对班主任，他会稍微收敛一点。课间操的时候，如果老师没有盯住他，他会像小猴子一样，转眼不知道躲哪里去了。

这天课间，我正在办公室批作业，听到走廊里响起一阵嘈杂声。发生什么事了？心念刚动，五六个同学便冲了进来，七嘴八舌对我说："老师，小东捉到了一只蝉。"这时候，几个男孩子簇拥着他，来到了办公室。他强忍着笑，一副严肃的表情，手里拿着一个盒子，不用看就知道蝉在里面。

我问他："这只蝉会叫吗？""会，老师你看。"蝉到了他手里，被他一按便叫了起来。第二天一早，小东把一份写在作文本上的调查报告交给

了我。在报告中，他写了蝉的样子、蝉是靠什么发声以及蝉的成长史。我表扬了他，其他同学也了解到了课堂上老师没有讲到的知识。又有一天，他抓了一只螳螂。我把他叫到了办公室："孩子，你喜欢研究昆虫，被咱们同学喊作'法布尔'，但是学生要注意遵守学校的规章制度，也要注意安全。老师建议你马上把它放了，因为他是益虫。至于调查报告，那是必须的。你能做到吗？""好！"他果然将螳螂放了，第二天的调查报告也没有让我失望。慢慢地，小东的语文成绩和数学成绩都提高了，而科学是他的强项，就更不必说了。

情感是学生学好知识的"催化剂"，只要能走进学生的心，就能为学生撑起一片明净的天空。

用爱心和耐心铸就美好未来

青岛市崂山区西韩小学　江沛沛

　　上学期，我们班来了一位新同学小宁。初见时，她安静，有礼貌。我心里暗暗高兴。一个周后，发现她上课注意力不集中、不讲卫生、学习习惯差……面对这样的她，我仍然积极鼓励，耐心指导，课堂上给她发言的机会，表扬她的每一个进步；课下多和她聊天，缓解她因陌生环境而产生的不适；放学单独给她辅导，提高她的学习成绩。

　　本以为这样的诚意会换来她的进步，但她习惯依旧：早晨穿到学校的新衣服，中午就已经"面目全非"；手和脸每天都会因写钢笔字而黑；书包扔在地上，课本散落一地；学习用具没用几次，就"支离破碎"……面对这样的结果，我生气，我惊讶，我无奈，我气馁。我甚至想，放弃吧，已经尽力了。说归说，冷静下来，我还是有份信念，只要肯坚持，就一定有收获。

　　根据经验，我找到了新方法，不能只从学生入手，要和家长共同努力。她是单亲家庭的孩子，而且跟着妈妈，所以在和家长的沟通时，我会刻意避免这方面的尴尬。作为一位母亲，我很理解小宁妈妈的不易。这样的体谅，让她向我敞开了心扉。这对后面的工作，起到了很重要的作用。熟络之后，我经常和小宁妈妈沟通。对于一些比较特殊的现象，我也会私下和她交谈。妈妈是最了解孩子的，我们商量之后的方法，很适合小宁。特别是在卫生习惯这方面，小宁有了很大的改善。之前因为妈妈经营饭馆，没有过多关注孩子。经过沟通之后，她懂得，孩子的衣着不仅是外在的，也会影响她的心情和交友。从那以后，孩子的衣着整齐了很多，丢三落四的习惯也有了改善。我特意表扬小宁，鼓励其他学生多和她交朋友。这样的小宁，自信开朗了很多。

冬日里的一天，放学后，我照常给小宁补课。在写作业的过程中，我发现她的手很脏，也有些粗糙。于是，我把她带到温水池，给她洗干净双手。回到办公室，我取了自己的护手霜，给她涂抹在手上，对她说："小姑娘要爱惜自己的双手，天冷了，多涂点儿护手霜，保护好自己。"不经意的关心却触碰了她柔软的心。我抬起头，发现她双眼含着泪。那是一种感动。对于孩子来说，老师一个小小的举动，也会温暖她的心灵。我也因为这意外的收获，而倍感开心。

就这样，我们在不断相处中互相了解，在每天的学习中不断磨合。付出耐心总会有所收获，付出爱心也总会有所回报。一个学期很快就结束了，再次回到学校的她，明显成长了，学习积极性提高了，卫生情况改善了，甚至连学习我都感觉有了希望。

春天有了希望的情怀，便有了生根发芽；夏天有了生长的情怀，便有了枝繁叶茂；秋天有了收获的情怀，便有了硕果累累；冬天有了白雪的情怀，便有了冰天雪地。教师有了教育情怀，便有了桃李满天下。孩子的成长离不开老师的教导，但更多的是需要耐心和爱心。在未来的教育生涯中，我会秉承这样的信念，一直走在这条充满挑战却又满怀希望的道路上。

巧克力风波

青岛市崂山区沙子口小学　韩旭萍

学校开运动会，我在终点当记录员。这时，小琦过来告诉我，因为她有项目，妈妈给她包里放了一块巧克力，好让她补充体力，可是刚才她回教室拿，发现巧克力不见了。我问："你都告诉了谁？"她说这件事只有她同桌和前桌知道。我轻声安慰她："你先回去，老师一会儿就去调查。"

她走后，我紧随她来到我们班所在的看台，我问："今天上午有哪些同学回过教室？"话刚一说完，就站起了五六个同学，其中就有小琦的前桌小凯，而且平时他好吃、爱吃零食。有时上课英语老师奖励他的糖，不到下课就进了肚子里。于是，我把他锁定为最大的"嫌疑目标"。

我把小凯找来，直截了当地问他："小琦带了一块巧克力，不见了，是不是你拿的？"他说不是。我说再想一想到底有没有拿，他还坚持说没拿。我看着他的时候，他的眼神似乎在躲避着什么，是害怕、怀疑？我更坚定了我的想法。

转念一想，再逼问下去也不会有好的效果，不如换个方式。"小凯，我一向都很喜欢你，也觉得你是个诚实的孩子。如果真是你拿了别人的巧克力，我觉得也一定是因为你饿了。不管怎样，我都愿意和你做朋友。"

小凯目光柔和了许多，但对于偷拿巧克力一事他一言不发。我说：

"你看这样行不行，不管是不是你拿的，我这儿正好有一块，咱俩一起放到小琦的桌洞里（正好前两天同事送我一块巧克力）。"他听后怔怔地看着我。我拉着他的手来到教室，把巧克力放到了小琦的桌洞里，然后说："快去操场给咱班同学加油，你可是啦啦队的主力。"我催促着。

"老师，我错了，巧克力是我吃的。"小凯的眼泪流了下来，之后他告诉我不肯承认的原因是怕家长回家打他。

巴特尔说："爱和信任是一种伟大而神奇的力量。教师载有爱和信任的眼光，哪怕是仅仅投向学生的一瞥，幼小的心灵也会感光显影，映出美丽的图像……"

用同心理解童心

青岛市崂山区第二实验小学　刘　静

一、"魔方事件"

小泰是一个聪明的男孩，但是自我约束力不强。当我发现他和其他同学说话的时候，无论我用眼神示意他，还是用语言提醒他，他总是不能马上闭嘴巴，只有当他把自己的话说完了，才能够停下来。我和小泰私底下沟通了很多次。他每次都很诚恳地对我说："刘老师，其实你管我的时候我知道，我就是想把我的话说完，不说完我真的很难受……"为此，我和他的家长也沟通过很多次。家长对孩子的表现也很头疼，因为小泰在家里也很叛逆。妈妈总因一些小事唠叨，孩子也进入听觉疲劳了。我一直在等待教育的契机，机会终于来了……

一个早自习，我来到教室，发现班里有好几个孩子围着小泰说笑，凑过去一看，原来他们正在研究魔方，玩得不亦乐乎，竟然没有发现我。前一天放学的时候，我刚对班里的魔方进行"明令禁止"。他们居然"铤而走险"。

我淡淡地说了一句："把魔方交到我的手里来。"听到这话，他对我置之不理，选择把魔方放在一个小袋子里，显然对我的"判决"不服从……我的眼光在他的身上迅速打量着，发现他表现得很不自然，也知道自己错了，但就是不想交出魔方。我安静地看了他一分钟左右，才把目光移开。到了第三节语文课，我发现此时的小泰比平时"乖巧"了很多，很端正地坐在座位上。当时，我讲了一篇关于"爱"的课外阅读，主要是通过和学生思想的碰撞让大家理解母亲对"我"的爱。大家热烈地讨论着，每当提起关于爱的话题大家都很有话说。此时小泰也积极地参与其中。讨论完毕后，我总结道："爱是理解，爱是宽容，爱是陪伴，爱是一生的牵挂。"说到这里，我借机说，"同学们，今天早晨在我们班发生了一件令我心酸的事……"这时候我看了一眼，小泰的脸已经涨得通红。我故意玩笑似的说："谁来讲讲？"小泰的同桌不由分说地站起来，开始为我"打抱不平"，教室一片哗然。看到小泰那么无助，我决定向他伸出"橄榄枝"："孩子们，刚刚我们讨论了这篇文章，对爱与宽容有了更好的理解。小泰，今天早晨，我再三让你把魔方交给我，你都选择置之不理。我心里知道此时的你是非常无助的，所以我选择了理解和包容，这就是我对你的爱。"这时候，他抬起涨红的小脸，站起来鞠躬道歉。后来，小泰在学校的表现也有所起色……班主任的工作真的非常重要，也需要接地气，因为我们要理解和关怀学生，适时地给他们缓和的台阶，这样才能换来心与心的交流。

虽然随着岁月的流逝，老师不可避免地在年龄上与孩子存在距离，但我们应努力使自己与学生的情感保持和谐一致，甚至在某种意义上尽可能让自己具有儿童般的情感、兴趣、思维、纯真。这份儿童感能够带给我们太多美好！

其实，学生总渴望得到他人的赞扬，但他们有时考虑事情欠周到，常常把好事做成坏事，这是很自然的。因此，我们把孩子做的那些动机好、效果坏的事，称之为可爱的事。只有同心才能理解童心，只有多站在儿童的立场上考虑问题，教师才能够发现学生的可爱之处，甚至智慧之处。

二、让每一句话都"结出果实"

"起飞的时候，我们期待着飞往一个热带的岛屿，却不幸降落在冰冷的北极。我们本来期待着灿烂的阳光，却意外地遭遇了北极漫长而严寒的冬天……"

当我看到这些文字时，内心的情感激荡。的确如此，我们对一个后进生已经全力付出了，却依旧看不到明显进步时，难免不沮丧；对一个调皮的孩子已经竭尽所有地引导了，却已经看不到他的改变时，难免不心灰意冷。也许有时我们的确落在了漫长而寒冷的"北极"，但数日的等待终究会等来温暖的阳光，或者，可以学会"驾驶飞机"的技巧，重新起飞。

小妍因爸爸工作区域调动面临转学，考试结束之后，我把这个消息告诉了大家。班里的学生纷纷行动起来，写贺卡的、折纸的……见证友谊的种种方式在班里上演。其中，小尚给小妍折了一朵"百合花"，在送的过程中，我瞬时按下快门。谁知，这时候班里的小政和小然嚷嚷道："像是男朋友送女朋友的花。"几个女孩子听到这个话题，有点娇羞，剩余的就是起哄了。我做了一个停止的手势，班里慢慢安静下来了。两个孩子似乎觉得自己说错了话，很端正地坐在自己的位置上，等待我开口。

"小然，你给我们讲讲什么叫男朋友、女朋友？"

"张老师，我胡说的，以后不说了。"

"不，你给我和同学们讲讲。"

"……"

看到小然一直不说话，我只能把这个任务交给小政。

"小政，你给我们讲讲……"

小政支支吾吾地说："就是他喜欢她。"

"男他在前还是女她在前？"我补充道。

"都可以。"看来小政对男女朋友的关系问题有一定的认知能力。

"还有补充的吗？"

"没有啦！"

"其实还有两点最重要：第一，你可以向我提出申请，让我帮你分析一下，行还是不行；第二点最重要，就是要经过双方父母的同意。"孩子们又开始窃窃私语。我没有维持纪律，继续我的话："我们班就是一个大家庭，彼此相亲相爱，就像我们爱自己的哥哥、姐姐、弟弟、妹妹那样。至少在大学以前，我们这种一家人的感情关系不会发生改变……"

苏霍姆林斯基说过："成年人的冷漠，只会扑灭孩子心中对善和真的火热渴望，真理在学校的胜利就意味着教师必须要把自己对学生讲的道理化为具体的行动。"老师的语言充满太多的责任，做每一个决定之前要深思熟虑，让我们说出来的每一句话都能结出果实！

教育的时机

青岛市崂山区石老人小学　谢冬霞

"六一"儿童节前的一个星期三的下午，我上第五节课，刚走进教室，发现小任把手举得直直高高，身子前倾，屁股都离开了椅子，一脸怒气，一副迫不及待要申诉的样子。

我走到他身边，问："发生什么事啦？"他腾地一下站起来，气冲冲地说："老师，小佳偷我笔了！"我一听"偷"，心里立马咯噔一下。我说："偷可是个非常不好的字，不能乱说！""就是她、她偷的，我的笔在她的文具盒里，而且我、我的笔，是做了记号的！"小家伙口吃，一激动起来就更厉害了。他愤怒地转过脸，瞪了一眼小佳，还恨恨地"哼"了一声，又急切地看向我，等待着我批评小佳。看着他那可爱的模样，我不禁失笑。"小佳，你想说什么吗？"

小佳站了起来说："老师，我不是偷的。我拿来看看，看着看着就忘记还给他了。""那你事先没、没跟我说啊，这不是偷还是、还是什么！"没等我说话，小任就激动地反驳。小佳不吭声了。

"小任，你应该跟老师说'小佳拿了我的笔'。""不，就是偷的！"他气呼呼地，很不服气。

"小任，老师知道你很生气。小佳没经过你的同意，私自拿了你的笔，而且没有及时还，的确做得不对。但是，她没有把你的笔藏起来不让别人看到。所以，用偷这个字是不正确的。"听了我的这番话，他渐渐平静下来，不说话了。我停顿了一小会儿，接着说："小佳说忘记还了，说不定她下午就还给你了呢。小佳，是吧？"小佳连忙不停地边点头边"嗯"。

"小佳，你还有什么想对小任说的吗？"我顺势引导。小佳也立马顺水推舟，站起来说："小任，对不起，以后拿你东西一定跟你说声。"

本来事情到此结束，我可以上课了。没想到，小任不依不饶，又拿另外的事说起来："老师，你别相信她。她还喜欢骗人、插队！"一石激起千层浪，同学们纷纷应和，很多同学高高举起了手。"老师，小佳不论是中午放学、下午放学，还是上体育课，总是插队。我们都说她，她就不听！"下面的同学"就是就是"声一片。"老师，小佳还喜欢骗人。有一次她骗我说王老师找我。我去找王老师，她根本就没找我！""老师，小佳还经常无缘无故地踩人！"……教室里一片声讨。

看着全班孩子一张张稚气的小脸，我稍稍调整了一下思绪，微笑着说："同学们刚才的倾诉老师都理解，良药苦口利于病，忠言逆耳利于行，我相信小佳同学听了会有所改正。小佳，对吗？"小佳听了我的话使劲地点头。"同学们，金无足赤，人无完人。每个人身上既有缺点，又有优点。刚才大家给小佳找出了缺点；现在，我们一起来找找小佳身上的优点吧！"同学们听了我的话，有的面面相觑，有的窃窃私语。过了一会儿，有几个同学举起了手。小惠说："小佳乐于助人，有好几次，我的钢笔没墨水了，小佳主动借给我。""小佳关心同学，我有一次肚子疼，小佳给我倒水喝，还帮我揉肚子。我当时非常感动。"小雪真诚地说道。"小佳爱劳动，热心肠，有好几次我因为要参加学校舞蹈训练，来不及打扫教室，是小佳主动帮我打扫的……"孩子们纷纷说着小佳的优点。小佳的脸上渐渐露出了笑容，教室里也变得明朗起来。

我赶紧趁热打铁："同学们，你们看，你们一起给小佳找出了那么多的优点。心情怎样？"有的说很开心，有的说很暖心。"我们每个人都有优点，也有缺点，不能光盯着别人的缺点看，而忽视了她的优点。我们要多看看别人的优点，多多宽容别人的缺点，适时地提醒她、帮助她，不仅她能进步，而且自己也开心，对吗？"大家认真倾听着，不住地点头，看着一张张天真可爱的脸蛋，我心里欣慰极了。

　　虽然那节传统文化课因为这件事没有按计划进行，但我及时化解了学生之间的矛盾，排解了学生的不良情绪，调整了学生看人看事的方向，指引着孩子们朝着正能量的光明大道迈进，这难道不是一堂更有意义的课吗？

享受批评

青岛市崂山区沙子口小学　周芸芸

一天晚上10点多，我正在备课，手机突然响了。原来是一位家长发来的微信，小Ａ妈妈一上来就说："周老师，孩子回家说你批评他了。"啊？我的心咯噔一下，这位妈妈不会是大晚上来"兴师问罪"的吧？我的大脑立即飞速运转，努力从千头万绪中提取出跟小Ａ有关的信息。

小Ａ是我们班的体育委员，今天他的确犯了错误，也受到了我的批评。正当我准备耐心地跟小Ａ妈妈说明情况时，她发来了第二条微信："孩子一回家就兴高采烈地告诉我，周老师的批评让他太享受了！"

享受批评？我一愣，白天的一幕又浮现在眼前——

课间操过后，我刚踏进办公室的门，4个孩子就浩浩荡荡地跟着进了办公室，原来他们是联合起来找我这个"法官"告状来了。在我们班这么大阵仗的"告状"，我还是第一次见识到。原来这次是小Ａ惹了众怒。根据一个孩子的陈述，事情的起因是这样的：音乐课下课走路队回教室的路上，班里有不少同学在队伍里说话，小Ａ强调了纪律后仍然有同学听不进去。小Ａ便索性让队伍停下来，等大家全部安静后再出发。就这样，全班同学在楼梯口站到了上课铃响才匆匆赶回教室。最后，大家不仅课间没能休息，还因为没做好课前准备受到了任课老师的批评。他们认为这一切的"始作俑者"就是小Ａ。

面对同学义正词严的指控，小Ａ一言不发，眼圈红红的，眼泪随时要夺眶而出。一方是义愤填膺，一方是满脸委屈，局势有些焦灼。该我出场了。我缓缓开口，先问4个孩子："在路队的时候能不能随便说话？"

他们异口同声地说："当然不能。"

"为什么？"我追问。

"因为这是纪律，上下楼梯说话万一不小心踩空，会发生踩踏事故。老师说安全要牢记心中。"一个孩子抢着说。

"不错，安全意识很强。"我朝这个孩子竖起了大拇指，"那小Ａ作为体育委员及时制止，避免危险发生，是不是尽职尽责？"

"是。"大家纷纷点头。

我拍了拍小Ａ的肩膀："你看，同学们对你的工作很认可。今天这件事，周老师只想听一听你对自己做法的评价。"

小Ａ抬起耷拉着的脑袋，看向我。我朝他点了点头。接下来，小Ａ很诚恳地剖析了自己这次做法的不恰当之处，请大家原谅他。

"你们原谅他这次的失误吗？"我看向4个孩子。

"嗯，我们原谅。"告状时的火气早已经烟消云散。

"那以后你们还会继续'拥护'我们的体育委员吗？"我微笑着问。

"会！"他们响亮地回答。

"怎么拥护？"我又抛出了一个问题。

一个孩子说："咱们回去商量商量怎么帮助那些路队说话的同学吧？"其他孩子纷纷附和。

"看到你们集体荣誉感这么强，互帮互助，老师真开心！好了，快回去上课吧。"5个小家伙跟我说完再见，说说笑笑离开了。

事后，我又单独找了小Ａ，指出班干部滥用职权的危害，并耐心地教

给他一些当好班干部的技巧。

小Ａ妈妈像在写作文，"长篇"微信一条接着一条地发过来。我的思绪又回到屏幕前，她跟我介绍小Ａ的过去，说小Ａ以前纪律性很差，经常被批评，遇到我之后，不再自卑变得自信阳光了。感激我是"伯乐"……

其实，刚接这个班的时候，我就提前了解了每个孩子的情况。小Ａ的确不是一个品学兼优的学生，让他做体育委员，我也有一点小顾虑，但是后来我还是决定相信他。我想，每个孩子会有缺点，也必然会有优点。小Ａ的优点就是班级荣誉感强，有责任心，口号响亮。我做的恰恰就是利用他的优点去帮助他改掉缺点。小Ａ也没有辜负我的期望，当了体育委员后，更能严格要求自己了，成绩也提升很快，从一名"后进生"变成了"三好学生"。

我跟小Ａ妈妈说："我能成为伯乐，是因为每个孩子都是千里马啊。"感谢小Ａ发明的新词"享受批评"，学生的觉悟可真高。我笑了笑，看来，我还要继续研究一下，什么样的批评才能让更多的孩子觉得是在享受呀。

数学德育

青岛市崂山区东泰小学　邱　伟

上课的铃声已经响了，我走进教室，原以为学生已经准备好，等待我的到来，可让我没想到的是，他们还在开心地谈天说地，好像根本没听到上课的铃声。

我坐在前面，观察着每一位学生的动作和说话时的表情，当时我虽然很生气，但仍然保持微笑。突然，学生可能意识到了什么，马上鸦雀无声地看着我，他们以为我会发火，并狠狠地训他们一顿。可此时，我压住了心中的不悦，心想，这不正是一次很好的教育机会吗？

于是，我开始了简短的发言："你们不说了？我现在已经学会了等待，学会了忍耐。是你们改变了我，我要感谢你们重塑了我的性格。"他们有些茫然，你看我，我看你，脸上露出了一丝不太自然的微笑。

我接着说："下面该我说了。下面的时间是属于我的，你们谁也不许和我抢呀！要是想说，得举手示意我。"这时，教室里又是一阵笑声。这回学生好像明白了我的意思，也参透了我所要表达的意思。

经过这样的小插曲后，我们班师生关系变得很融洽。大家也可以想象到我这节课的效果，比平时要好上几倍，学生掌握得也非常好。

试想一下，如果看到学生的这种课前现象，我压制不住怒气批评他

们，学生会接受吗？能达到教育的最终目的吗？这节课的教学效果还会那么好吗？

有时试着换一种方式来解决问题，可能会有意想不到的效果。只是简单的几句话就改变了课堂上的尴尬气氛，拉近了师生间的距离，也收到了较好的效果，所以尝试换一种方式去思考、解决，结果会很精彩！

对学生的教育非常重要的一点是，需要很好地把握教育的最佳时机，方式可以是多样的、灵活的，不要千篇一律。只要能有好的教育效果，就达到了我们的目的。

静待花开

青岛市崂山区华楼海尔希望小学 于 超

2017年9月，我正式踏上教师工作岗位，与23个一年级的学生相遇，期待和他们共同见证彼此的成长。开学初，常规训练非常认真到位，我对未来充满了期许。可是，开学第三天发生的一件事让我瞬间从理想跌回现实。

"于老师，咱班有人掉到池塘里了！"我赶紧跑到池塘，看到在现场的老师已经第一时间把学生救起来了，原来是学生在边上走，一不小心掉进去了。我马上联系家长送来换洗衣物。一切妥当之后，我把小梓叫到跟前来问："你为什么会去池塘那里？那里不是我们的活动区域啊！""我觉得那里好玩，我想去看看。""你要记住，不是我们班的活动区域是不能去的！这是规定。"他点点头，表示明白了。

接下来的几天，中午休息、下午大课间时不断有人来跟我说："老师，他又去爬树了！"以至于每天中午吃完饭，我的"活动项目"就是满校园树下找他。找到后，我一遍又一遍地跟他重复学校安全规定，强调安全的重要性。第一个周下来，我清楚意识到，他是一个不"简单"的学生。他还没有从一个幼儿园的孩子转变成一年级的小学生。

常规训练结束后，开始正式上课。正当我想松一口气的时候，王老师找到了我。"于老师，给你看个视频，实在没办法了，我才录下来。"在课堂上，小梓竟然跑到讲桌上打滚！原因是他上课捣乱，老师批评了他，他很生气。王老师还提到，在小梓捣乱时，班干部主动站出来帮助老师维护课堂秩序。小梓却朝着同学们大吼大叫。在了解原因之后，我单独找了他。他第一句话就是向我承认错误，但并不清楚错在哪里。我跟小梓说了，必须尊重老师，课上如果和老师有矛盾，要在尊重老师的前提下进行沟通，上课必须遵守课堂秩序，不能因为自己而影响老师授课和同学们听课。

开学这两周在他身上发生的一系列事情让我意识到，小梓是一个自控能力较差、规则意识弱、情绪波动较大的孩子。想要帮助他，就得了解他的家庭。恰巧，他与班级里另一个男孩子打架，于是我请他父母来一趟学校。从他父母口中得知，他是家中独子，奶奶非常宠爱，从小有求必应。他有不满意的地方立刻就地打滚，奶奶马上"屈服听从"。爸爸虽然非常宠爱这个儿子，但在孩子做错事情后却会打他，导致在小梓的认知中只有暴力才能把事情真正解决。刚上小学，小梓对于要遵守学校多项规章制度，极其抗拒。了解过后，我与他的父母进行了长谈，将小梓进入小学之后的些许表现告知父母。情绪是具有传染性的，父母是孩子最好的榜样，所以当孩子出现问题时不要暴力解决，更不能一味妥协，有原则性的爱，才是真正的爱！很多行为习惯也不可能一天就改变，需要家庭和学校共同配合，才能早日让小梓适应小学生活。

万事开头难。必须让小梓明确学校、班级常规是要遵守的。于是，每天从早上进入校园、每一节课物品的摆放、如何认真听讲、如何尊敬老师、如何进行课间活动、哪些事情是充满危险的，如何与同学们相处……我一项一项地带着他念叨。慢慢地，我发现他有变化了，课间不爬树了，不满校园跑让老师找不到了，知道最重要的事情是安全了，甚至能帮我提醒其他同学注意安全了，课上能坐住了，情绪控制比以前有了非常大的进步。

在他改变的过程中，另一个问题显现了出来。鉴于他平常的表现，同学们对他慢慢疏远，即使他安安静静地想和大家玩游戏，大家也拒绝了他。他非常沮丧，拒绝次数多了开始否定自己："我是个坏孩子，大家都不愿意和我玩。"他也经常问我："老师，为什么我没有朋友？"当我听到这些话时，能感到他的难过，和他一起分析，开导他。"你觉得大家不和你一起玩的原因是什么？""因为我大喊大叫，脾气太差控制不住自己。""是的，你对自己有清楚的认识。长久以来，大家看到的都是你不好的一面，想改变在大家心目中的印象就要靠实际行动来表现，让大家看到你的进步。老师可以帮助你，和你一起，重新树立你在同学们面前的形象。"

在那之后，他有了点滴进步，我都要在同学们面前大肆表扬，如果犯错了就单独和他进行沟通。慢慢地，同学们也开始重新接纳他，也能发现他在慢慢进步了。他也开始有自己的小伙伴，课下时间安排也比之前更加安全有趣了。在和其他同学了解情况时，同学们对他的评价也在慢慢改观。

三个月过后，现在的他对于基本的学校、班级常规都能明确知晓并做到。每次的叮嘱都是有用的。虽然他现在的行为还有很多需要改进的地方，他还是有控制不住情绪的时候，和任课老师、同学还是会有摩擦。但是对于当时刚上一年级的他来说，进步已经非常大了！他课上能够做到认真听讲，课下和同学们友好相处，与同学有矛盾时也能静数10个数，平静地去解决甚至开始进行自我反思，会主动和我说说在和同学相处时哪里做得不对，下次该怎么做。在我们俩的相处中，我能感受到他对我的信任和依赖，早上到校会跑到我面前，伸出小手把一包饼干偷偷塞给我；和同学玩得开心时也会来跟我分享。最让我感动的是有一天放学，他给了我一个信封，让我一定要看。信封里有他亲手制作的卡片，里面写了对我的感谢。那一刻我觉得，在学生身上的付出早晚有一天会成为他身上闪光点的。

当任何一个学生出现问题时，首先要做到的就是明辨是非，知对错，这是原则。在明白原则的前提下，再共同商讨解决问题的办法。问题解决

之后，一定要及时进行反思。这个反思可以由学生和班主任共同完成，也可以通过召开主题班会，在全班范围内进行讨论。比如我们班全体学生之前就"取笑他人可不可取"这一主题进行交流。班会过后，班级里没有再出现取笑他人的行为，同学们懂得互相欣赏，即使有人落后出错，也会伸出援手。

每个学生都有自己的成长曲线。有的同学起点可能比较低，但班主任要学会和孩子共情。在处理问题时，我们的情绪非常关键。在这过程中，学生也会学习我们是如何处理矛盾的，他会用同样的方法处理和同学之间的矛盾。家长会上，我也多次和家长进行沟通。在家庭教育中，传达合理情绪也是非常重要的！

班主任每天都要处理问题，要根据不同的问题采取智慧的解决方法，做一名教育的有心人、智慧人，静待花开。

满满的不舍

青岛市崂山区华楼海尔希望小学　姜　艳

伴着紧锣密鼓的复习，孩子们毕业的脚步近了。"毕业"这个词最近成为我们班有意无意避讳的词语。而孩子们最期待的"六一"儿童节也悄然而至。

本来，这个学年，学校的庆祝方案中是没有安排六年级出节目的，可我们班有几个女生在课间的时候凑到我眼前，来打听学校庆六一方案，看着她们那期待的小眼神儿，我真不忍心打击她们的积极性，于是模棱两可地说了句："可能是没具体安排咱们六年级的任务……"于是就有胆儿大的怂恿我："老师，你再去问问！"

我还真去问了。学校领导说，六年级同学可以自愿表演节目，不做硬性规定。当我把这个好消息带回教室的时候，孩子们雀跃起来！于是，就有几个同学开始自主组织，定节目和人选，选配乐，练舞蹈和合唱，原本被小学毕业考折磨的娃儿们，一下子恢复了该有的生机。看来我的选择是正确的。

离儿童节庆祝大会还有两天，那群女生在语文课结束后又围到我的眼前，一个个笑嘻嘻地看着我。然后，小阳看着我小心翼翼地问："老师，明天我们表演的时候，您去不去观看节目？"我知道她们是满心期待的，在没接到学校通知之前我只能说："那天呢，我和同学们有可能在教室里上课……""啊？"孩子们异口同声，失望之情溢于言表。"老师，您就申请一下，去看我们表演节目吧，最后有彩蛋哦！"小阳神秘地补充道。当听到"彩蛋"的时候，我的心咯噔一抽，真的有些惧怕跟毕业有关的泪流满面，因为我是一个很感性的人，怕到时候控制不好自己的情绪。

在儿童节那天，六年级全体学生也来到庆祝现场。孩子们个个精神抖擞，帮一年级小弟弟、小妹妹系红领巾的同学们心情激动，手法娴熟，满眼期待，百感交集。五年前的今天，大哥哥、大姐姐给他们系红领巾的场景还历历在目，而今天他们却涌起淡淡的离情……

终于轮到我们班的节目《Good Time》上场了！3个爱舞蹈的女孩跳得热情似火，青春四溢。紧接着是7人合唱，歌声绕梁……"彩蛋"如期而至，卓宁衷心祝愿："愿六年级所有的同学，经过3月的奋斗、4月的拼搏、5月的提升，争取在充满希望的6月实现自己的目标！"小阳深情表白："我们代表六年级二班全体同学，想对呵护、陪伴了我们6年的姜老师说一声——姜老师，谢谢您！您辛苦了！姜老师，您放心，我们长大了！"

不舍与感动

正在为他们拍视频的我感动得一塌糊涂，泪滚滚而下，手抖得不像样子……我还依稀记得每个孩子一年级刚入学时的模样儿，可爱得纯粹；亲子运动会上，我们挥洒汗水，欢天喜地的场景还清晰无比；课堂上，他们端坐的身姿、渴求知识的表情、积极发言的态度，难以忘怀；辩论赛上，落落大方、侃侃而谈的小将英姿飒爽……在这离别的6月，心里惆怅，鼻尖酸涩，喉头发紧。

如果时间再慢一点就好了……

心向阳光，春暖花开

青岛市崂山区第六中学　曲晓燕

著名的教育理论家苏霍姆林斯基曾说过："教育，首先是关怀备至地、深思熟虑地、小心翼翼地触及年轻的心灵，在这里谁有细致和耐心，谁就能获得成功。"我认为这细致和耐心全源于一个"爱"字。爱就像一个有魔力的教具，可以架起师生之间心的桥梁，承载着师生之间深厚的感情。

治班、育人，日复一日，年复一年，班主任的工作有时枯燥乏味。与其抱怨郁闷，不如换个角度，将机械重复变成诗情画意。班主任心情愉悦、充满阳光，孩子怎能感受不到？家长又怎能不受感染？

育人篇

大部分学生在小学养成了较好的礼貌习惯，但是升入初中后，一些学生并没有将好习惯坚持下去。我做过调查，原因一是有些孩子觉得现在"长大了"，还像以前一样太幼稚；二是初中老师可能不会像小学老师那样在文明礼仪方面时时强调。

我要求学生放学时，跟我说再见。然而，初一开学两个月来，只有几个学生记得这样做。学校要求，学生放学时靠右行走。到门口这段距离，学生很密集。这倒让我来了灵感。有一天下午，在教室外面站好队后，我用委屈的腔调说："你们知道老师也和你们一样吗？"学生一头雾水，但也配合着我"嗯"了几声。我接着开始"撒娇"了："我也和你们一样，有自尊心，要面子哦。"学生更好奇了——老师这葫芦里又卖啥药？"门口那么多老师和同学，还有家长，你们跟我打招呼，我会觉得很自豪！"他们配合我道："没问题！"那次以后，只要一到校门口，他们都声音洪亮地跟我道别。而我心里真正的感觉并不是自豪，而是——"撒娇"还真管用。

治学篇

我们班的小林，级部名次一直是五六十名。单看考试成绩，谁也不会把他和平日的表现联系在一起。

可他平日却是这样的——家庭作业能不完成就不完成，背诵作业对他来说就像不存在。从开学起，我几乎每个周至少找他谈一次话，跟他家长沟通。但是坚持了3个月，似乎没有什么明显的效果。在上个周，我又一次跟所有任课老师了解了他的情况后，把他叫到办公室，告诉他："恭喜你，你解放了！"听我这么说，他疑惑地看着我。我继续造势："咱俩已经聊了3个月了，可是我刚才去问了老师们。他们说你没有任何积极的变化。所以，我决定以后只默默地关注你，不再跟你谈心了！"我故意高声强调最后几个字。他被惊住了，眼圈瞬间红了。我一看，奏效了，继续"煽风点火"："可能老师们觉得你水平太高了，之前还帮你确立目标，你至少能奋斗成咱班的第一名呢！看来你根本没有奋斗目标。因为老师无论跟你怎么谈，你都无动于衷啊！"这句话一落地，小林直接"泪奔"了。

也许你已经猜到了故事的结局。小林还确立了考重点高中的目标。当然，"欲擒故纵"或者叫"激将法"，是在充分了解学生的前提下才可以

使用，整个过程要充分关注学生的情绪变化并适时地调整用词和语调。

感化家长篇

感谢科技的发展，为我们的沟通架起了一座又一座便利的桥梁。对于建班初期班级凝聚力的形成、班级各项活动的开展、孩子的成长变化，家长都有责任了解和关注。

我将微信的功能最大限度地开发，做到，对于班里的大事，让家长知晓、配合；对于孩子的进步，让家长知晓、鼓励；对于孩子的问题，让家长知晓、帮助；对于孩子经历的每一次重要事件，让家长要知晓、感悟。

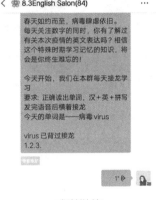

感谢微信

感谢"微信君"。每一天、每一次，点点滴滴的信息、照片、家庭教育小贴士，像涓涓细流，流进了家长的内心。或早或晚，他们会愿意在孩子的教育上主动行动起来。正如我们教育孩子，要将"要我学"变成"我要学"，家长们要由"要我教育"变成"我要教育"。如此，班主任工作岂不美哉？

疫情网课篇

生活中不乏教育的契机，每一天、每一件小事、每一句话、每一个行为，都可成为一个好的教育案例。疫情期间，我更是充分利用每一个节庆，设计和发起丰富多彩的活动，引导学生用阳光积极的心态热爱生活、珍爱生命、感恩家人。

为达到有效的德育目的，使教育效果自然而然地生成，我在策划每次活动前，都会进行一番很有"心机"的引导。

活动一：心向阳光，春暖花开

疫情就是最好的"教科书"，发掘教育资源，做学生的心灵守护者。

在疫情发生初期，通过跟学生、家长沟通，我发现由于每天宅家不能外出，很多学生出现了不同程度的焦虑情绪。虽然心急如焚，但我很清楚，只靠视频沟通，效果并不如意。恐惧感源于陌生和突如其来，那我何不对疫情进行一下"科普"？一旦深入了解它，恐惧感便会随之降低，学生也将乐于用阳光的心态积极面对当下的一切。

2月4日，我们开启了用英语正面"接触"新冠疫情之旅——每天一个词汇，一个小知识点。一个周下来，通过互动，我发现同学们不但学习的热情越来越高涨，之前的紧张焦虑感也随之减退。一切向我预期的方向发展，这也给了我动力。我又将*China Daily*中关于抗疫一线人们一天的新闻，制成PPT，和学生一起分享，进行阅读分析。德育教育中，渗透着英文和阅读教学。学生们在了解抗疫一线人们的付出后，也更加感恩，可

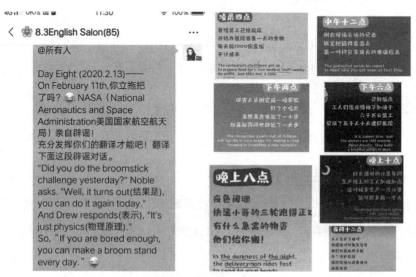

"抗疫"学习，一石多鸟

谓"一石多鸟"。

活动二："晒晒"我对"女神"妈妈的祝福

如今孩子们生活在一个充斥"女神""男神"的社会。这源于很多因素的影响。有时候，他们对于这些词汇的理解未免太过肤浅。很多商家为了宣传，将"三八节"称为"女神节"。基于此，我何不借力发声，让学生好好欣赏一下最该被每一个孩子称为"女神"的妈妈呢？

20200308
8年级3班晒晒我对女神妈妈的祝福
马晓轩Thank you for your help, we can have a better class with your help.
王韵涵Sending you wishes to see you blossom up the world around me Happy woman's day!
李承轩Thank you, mom. I'll repay you with good grades
王宏宇The best wishes to you!Thank you, mother. Happy Women's day!
李霄Mom thank for your help you have worked hard

戴福康Thank you, mom, for my life, let I came into this world, feeling of beauty in the world.
王海霞Mom，thank you very much.you are pretty and young in my heart .
曲先宇Mom,In my heart,you are the best in the world.
曲锦升 Mom, you have worked hard
姜宇帆My dear mother,you are the important person in my life.Thank you! And happy Women's Day!
陈德容Mom ,Happy Women's Day! You worked hard, i love you forever!
王喆Mom worked hard
朱致远 Mom is a supreme

"三八节"活动

活动三：特别的爱给特别的您

八年级三班是一个充满爱的集体。那是因为每一位同学心中有爱。这份爱来自家庭，来自父母。在这特别的日子里，对妈妈的爱更要用行动表达。母亲节特别献礼：为母亲做一件小事，可以拍照或用视频和大家分享。

苏霍姆林斯基说过："没有任何东西比人类的爱更富有智慧、更复杂。它是花丛中最娇嫩的而又最质朴、最美丽和最平凡的花朵。这个花丛的名字叫道德。"班主任之路漫漫其修远兮，吾将上下而求索。日日寻法千百度，蓦然回首，爱之源头皆是法，因爱生法。

母亲节活动照片

关于花儿的故事

青岛市崂山区实验学校　韩彩丽

一提到珊，教她的老师都无奈地摇头。身材高挑、长相可人的她，性格大大咧咧。我接班不久，就收到好几个关于珊的"状子"。

"报告老师，珊无缘无故从背后打我们。""报告老师，珊上课又玩彩泥，弄了一墙。""报告老师，珊又没写完作业。"……我除了跟她谈话、联系家长、给她补课，也想不出更好的办法。有时，我试图表扬她，还没等发现她的进步和成长，珊又被告状了。所以，时间久了，她也习惯了被批评，变得麻木不仁。

一天早晨，珊终于脱下了那件穿了很久的黑色大衣，换上了洁白的羽绒服，还搭配了一件小巧的灰格百褶裙。我进教室时撞见了焕然一新的珊，表扬她变漂亮了。她听了露出羞涩开心的笑容。后来的几天，她一直穿着这件洁白的羽绒服，也没有因为玩珍珠泥弄脏它。可是，一天上课的时候，她后面的同学拔钢笔墨囊，不小心把黑色的墨汁溅到了她洁白的羽绒服上，如同几朵墨梅散落在雪地上，格外刺眼。原以为她会很生气甚至大发雷霆，没想到，她淡定地说："没事儿，他又不是故意的。"我借此机会在全班同学面前表扬了珊的宽容、大度。珊反而越发不好意思起来。

第二天中午，我刚吃过午饭，小文同学神秘兮兮地跑过来告诉我，珊给我准备了一份礼物。我在心里嘀咕又是恶作剧之类的吧？来到讲台一看，呀，怎么是蜡梅？再一看，枝干还是鲜绿的，看来是刚折下来的。我的心头一震。

拿起蜡梅花，我突然发现还有一张纸条，上面写着："老师，这是送给你的花，要每天像小花一样灿烂美丽！"下面还画了一张笑脸。我的心开始变得柔软起来，此时听到下面的女同学小声议论："她折了花老师还会表扬她不成？"看着台下珊那期待表扬的眼神，我在心里开始思索对这件事的评判。忽然，我想到了张老师班似曾相识的事件。不同的是，那株广玉兰花枝是班里学生从草丛里捡到的。记得张老师大力表扬了捡到广玉兰花枝的同学，并和同学们讨论这株广玉兰花枝能否生根发芽的事情。当时大部分同学觉得广玉兰花枝不可能延续生命了，但张老师相信能创造奇迹。臻同学也相信，把广玉兰花枝领回了家。就在大家要把这件事遗忘的时候，臻奇迹般地把广玉兰花枝养活了。一个月后，断的树枝居然萌发了新芽。孩子们见证和相信了爱能创造奇迹。

回到眼前的事情，我仿佛找到了解答的灵感。我捧起蜡梅闻了又闻，一股清香萦绕在鼻尖，不似广玉兰花枝浓郁，也不似雏菊淡雅，却使人感到舒畅、惬意。我对珊说："谢谢珊，怎么知道老师最喜欢蜡梅？我每天下班前都会走到树下呼吸一下那清幽的花香，仿佛身上一下子充满了力量。这枝花我看开得正艳，折下来实在可惜，要不你找个小瓶子插起来，延长一下它的花期吧。"珊听了马上从桌洞里掏出了一个小塑料瓶装满水，把花小心地插起来。我捧着花走下讲台，让同学们也来闻一闻，近距离欣赏一下。

我问孩子们："香不香？你想到了关于梅的那句诗？"学生们异口同声地说："梅花香自苦寒来。"我接着回应学生："是呢，蜡梅在寒冷的冬日也没有停止生长和储存能量，所以它才能成为最早的报春使者。那同学

们，我们应该学习梅花的什么精神呢？"珊说："应该学习它不畏严寒、吃苦耐劳的精神。"我点头称赞："对呀，不经一番寒彻骨，哪得梅花扑鼻香？这种精神值得我们敬重和学习。"……虽然数学课的时间被讲"梅"用掉了一半，但接下来孩子们听课的注意力非常集中。

下课的时候，我欣喜地发现，珊把每一道错题都用心改了，还用红笔认认真真地记录下了解题思路。我马上用手机拍下来，发给了珊的妈妈。珊的妈妈告诉我说，珊回家一直兴奋地说"老师表扬我了，老师表扬我了"，只字未提采梅的事。

临近毕业，我收到了珊的纪念卡，上面写道："韩老师，谢谢小学最后一年您对我的教育和包容。您是最懂我的人。请您放心，上初中我会好好表现的。爱你的珊。"

花儿的故事让我进一步反思，也许孩子的改变就在一念之间。我们的用心回应、包容和爱对于孩子来说就是唤醒。我庆幸没有用成人的评价标准，站在道德的制高点上来评判珊。

学会读懂学生、抓住教育契机，走进孩子的内心世界，才能唤醒孩子成长的动力。也许这时候，我们才能真正听见花儿绽放的声音。

爱的礼物

青岛市崂山区实验学校　辛玉俊

　　讲桌上摆着一张全班的古诗测试成绩单，我扫了一眼，成绩还算满意。这也在我的意料之中。仅有几个孩子没得满分，其中就有德勤。我告诉孩子们，如果对成绩不满意，过几天还会再考一次。说完，我回到办公室，仔细地做了这次素养检测的分析。

　　第二天一大早，我刚到办公室，就看到德勤就跑进来。他支支吾吾地说："老师，老师……"德勤是一个有轻度多动症的孩子，关于他的"事迹"数不胜数：上课时突然在地上打滚；裤子从裤腰破到裤脚；因为一句争执，把同学的头打破；每天，衣服胸前、大腿处必有一片污渍……他的学习成绩可想而知了。我在没接这个班之前，就听闻了他的"大名"。那时，如何应对他，我一点经验也没有。

　　"我，我那个，我……"

　　听他这样说我有些着急，便说："快说，别支支吾吾的。"

　　"老师，我想背古诗。"

　　"现在还不行。过几天学校会再次组织考试，到时候你就可以背了。"

　　他揪着衣角，嘴里鼓着气，玩着唾沫应道："噢。"接着便飞一般跑回了班。

上午第三节是语文，下课后我在班里坐着，想与小家伙们多相处一会儿，看着他们打闹嬉戏也是一种享受。一群小孩围在我旁边，问着各种各样稀奇古怪的问题，跟我说他们的"军事机密"。这时，德勤从人缝里挤进来，结结巴巴地说："老师，我，我还是想给你背古诗。"我一愣，他为什么老要背呢？

"好吧……"出乎我的意料，几首诗背下来，原本结巴的德勤丝毫没有停顿。"背得不错，再背一首《朝天子·咏喇叭》。"看他的眉头皱成一团，我知道他没有背过。

德勤吐了吐舌头，说："老师，我就4首没背过。"这孩子不打自招。"好吧，不要紧，你还有时间，继续背争取得满分。"其实，他能背到这个程度我已经很高兴了。要知道，他本来是一篇课文都背不下来的。背诵21首古诗对他来说可是个大工程。

我下班前批作业时，德勤跑进办公室。他嘟着嘴，浑身是土。我有点惊讶，这个时间他应该在家写作业啊。"你怎么来了？"

"老师，我想给你背古诗。"他有点羞涩。

我笑了笑说："好啊！难得你这么爱背古诗。"

21首古诗背下来，十分流利。可见他这一天下了多少功夫。我高兴地摸了摸他的头。

这时，他扭扭捏捏地说："老师，其实今天是我的生日。"

"是吗？"我越发觉得他可爱。"那老师送你一个礼物吧。"我从抽屉里拿出上学期奖励"优秀学生"的小礼物——小转笔刀、尺子。"你喜欢哪个，自己选。"

小青蛙的转笔刀更吸引他，"老师，我想要这个。"

拿过转笔刀，在纸壳的背面，我写了两句话："祝德勤生日快乐！学习进步！"德勤拿起礼物，蹦出了办公室，又回头说了句："谢谢辛老师！"幸亏还存着这些小玩意儿，让我看到了那么纯净的笑脸。

他走后我也乐了半天，真是个可爱的孩子。再一想，这孩子一天都在缠着我背古诗，或许就是因为今天是他生日吧。他想在这一天好好表现，也想得到老师的表扬。这样想着，心里不由得高兴，每天与这么单纯可爱的孩子交往真是幸事。

晚上，德勤妈妈发短信，说谢谢我送孩子礼物。我反而不好意思，就一个转笔刀也算不上什么礼物，可贵的也许只是我对孩子的关爱。

从那以后，德勤上课坐得端正了不少，对我的要求也多少能完成了，而且下课不时就跑过来问我要不要把作业本搬到办公室……他们那么单纯，喜欢的和追求的都那么阳光，涤荡了许多成人世界的乌烟瘴气。跟孩子在一起，真心感觉到什么叫无忧无虑，我也仿佛回到了小学四年级，时常与他们开玩笑，谈论一下漫画……

谢谢小家伙们，你们的礼物更珍贵！

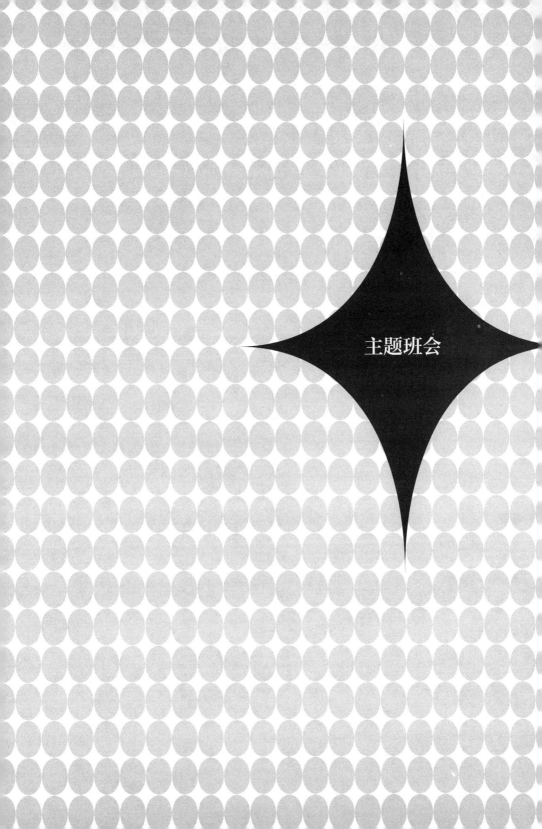

主题班会

"珍惜每一粒米"班会设计方案

青岛市崂山区实验学校　姜沙沙

【背景】

2019年"两会"期间,"艰苦奋斗,勤俭节约"一度被热议。餐饮浪费现象触目惊心,令人十分痛心。虽然我国粮食生产连年丰收,但是对粮食安全还是应该有危机意识。2020年全球新冠肺炎疫情所带来的影响更给我们敲响了警钟。

"一粥一饭,当思来之不易;半丝半缕,恒念物力维艰。"为弘扬艰苦奋斗、勤俭节约的传统美德,增强节约资源的自觉、主动的意识,学校组织开展"厉行节约、反对浪费"系列活动,努力营造"浪费可耻、节约为荣"的校园氛围。同时,为践行"光盘行动",每天就餐时间段,学校大队部成员和各班的监督员都会督促每位学生做到"光盘",不浪费一粒粮食。为了让学生更好地从自身做起,节约粮食,杜绝浪费,所以召开本次班会。

【目标】

1.了解米的主要用途。

2.初步了解一粒米的生产过程，知道粮食来之不易。

3.通过模拟插秧游戏体验，感受农民的辛苦，懂得节约粮食，珍惜每一粒米，尊重农民的劳动成果，培养学生爱惜粮食的情感。

【准备】

米粒一颗，稻秧道具，课件，视频。

【过程】

一、猜谜语，引入主题

师：同学们，你知道10月16日是什么日子吗？对，是世界粮食日。围绕粮食，我们来猜个谜语吧。请看大屏幕。（出示谜面：脱去黄金袍，露出白玉体，身子比豆小，人人离不了。打一种粮食）

生：大米。

师引入主题：你的思维真敏捷，今天我们一起走进主题班会"珍惜每一粒米"。

设计意图： 通过猜谜语的方式引出主题，调动学生的积极性，初步使学生融入班会氛围中。

二、感受米的来之不易

活动1：了解米的主要用途

师：请同学们仔细看，老师手里拿的是什么东西？（让学生看）是啊，小小一粒米真是太不起眼了，但这小小的一粒米有很多用途。

米的主要用途

小组讨论：米有哪些用途？

（生交流）

师：同学们讨论得很热烈，请同学们举手跟大家说说你们的讨论结果。

生答后出示课件（米饭、米醋、米酒等）。

师：如果没有这些东西，我们的生活将会怎样呢？

（生答）

师小结：同学们，通过刚才的交流，我们简单了解了米的用途，也懂得了米与我们的生活息息相关。（板书）

活动2：了解米的生产过程

（1）小组汇报展示

师：很多同学喜欢吃米饭，之前已让大家回去查资料了。米的生产要经过哪些流程？哪个小组来说一说？

（小组交流）

师：刚才大家把大米的来历讲得比较完整，让我们一起来看一下。

米的主要生产过程

（出示PPT米的主要生产过程流程图：包括"播种—插秧—田间管理—收割—脱粒—运输—碾米"等环节）

师小结：大家通过查阅资料，小组交流感受到一粒米从种植到收获的不易。

（2）直观感知一粒米来之不易

师：据说一粒米从春耕开始，到收粮入库要经过40多道工序。下面播放一段插秧的视频，我们一起看一下。

（播放视频）

（3）体验插秧

师：看了视频，你知道插秧的动作要领了吗？（生答：弯腰成90度，两腿分开，一手持秧，一手插秧）下面我们通过一个小游戏来体验劳动的感受。

在学生体验之后，教师进行现场"采访"：这位朋友，你好，谈谈你此时劳动的感受好吗？（农民种植水稻很辛苦；我们应该爱惜粮食……）

师："谁知盘中餐，粒粒皆辛苦。"我们吃的大米来之不易。

（板书：来之不易）

师小结：同学们，每一种粮食的生产都很复杂，离不开农民的辛勤劳作。我们应该感谢他们的辛勤劳动，珍惜他们的劳动成果。

（板书：珍惜粮食）

设计意图：通过让学生查资料、看视频以及体验的方式，一步步引导学生进入主题中，引发其思考，使学生意识到一粒米的来之不易。

三、补充资料，升华认识

师：我想请同学们看一段视频和一组图片。（播放视频习近平主席关于"厉行节约 反对浪费"的重要讲话）我们一起来算一笔账吧，每人每天节约1克米（相当于1小勺米的重量）是多少？全校600个学生每天可节约多少米？600克米（相当于1盘米的重量），全国14亿人可节约多少米？（140万千克米）。这140万千克米约够全校600人吃9333天，约26年。同学们，算到这里你们有何感想呢？这真是触目惊心的一组数字。希望同学们从自身做起，从小事做起，让节约成为一种习惯。

资料：6月9日，联合国发布《2019新冠病毒对粮食安全和营养造成的影响》政策简报。秘书长古特雷斯指出，全球已有超过8.2亿人食不果腹，约20亿人处于"隐性饥饿"；五分之一的儿童营养不良；由于疫情，或将有额外增加的约4900万人陷入贫困，当前，保护最脆弱人群免受饥

饥饿的儿童

饿的工作迫在眉睫。

师：看了资料和图片，你有什么感受？（生答）请同学们再来看看眼前这一粒米，对这些处于饥饿状态、面临死亡威胁的人们来说，这粒米就是什么？（生纷纷发言）

师小结：是啊，对他们来说，这就是一粒救命米。珍惜粮食不仅是对劳动者的尊重，更是一种造福人类的行动。

设计意图： 通过多种方式让学生感知米的来之不易，农民伯伯种植的辛苦及饥饿儿童的实例，激发学生的共情心，让学生认识到浪费是不对的，应该节约粮食。

四、知行合一，厉行节约

1.节约大讨论

出示图片：饭店、学校食堂浪费粮食的图片。

师：你看到过这样的情景吗？像图中这样浪费过饭的同学有吗？请举举手，你是因为什么倒饭的呀？今后准备怎么做呢？

质疑一：有些小朋友说，我实在吃不下了，怎么办？你有什么好办法帮他解决这个难题吗？

质疑二：吃不下去还有一个原因，可能不喜欢吃这个菜。你有什么办法帮助他吗?

预设:在学校饭打多了可以在没吃之前分给其他同学,遇到不喜欢吃的菜可以少要点或者是没吃之前分给别人;看到别人倒饭,应及时劝阻;在饭店点菜时少点些,够吃就行,吃剩下的可以打包带回去,下顿再吃;在家里可以少做点,够吃就行;我们家有个规矩,谁点的菜,谁就负责把它吃完,不准浪费;春游时,少带些,带多了的食物可以与别人分享……

2. 自我评价:做光盘小卫士

师:你们平时在爱惜粮食方面是怎样做的呢?

预设:少盛点,不够再添;吃饭时当心点,尽量别洒米粒;吃自助餐时吃多少拿多少;去饭店吃饭时,剩下的菜要打包回家;时刻提醒自己的亲人和朋友;做一名小小监督员,进行珍惜粮食宣传。

师小结:任何一种粮食作物都像一粒米一样来之不易,需要经过许多人、许多时间的辛苦劳动才能获得。所以我们一定要珍惜每一粒粮食。这节课的最后,送给同学们两句话:"一粥一饭,当思来之不易;半丝半缕,恒念物力维艰。"

3.节约资源

师:同学们,除了节约米、节约粮食,生活中我们在哪些方面也要做到节约?

预设:电、水、学习用品、生活用品……

师总结:对,就像同学们说的这样,要听习爷爷的话,不仅要节约粮食,还要节约各种资源,从自身做起,为创建节约型社会贡献自己的力量。

设计意图:将节俭深入生活,并感染每一位身边的人,情感得到升华,加深学生的印象,让其懂得勤俭节约的重要性。

俭以养德，从我做起

青岛市崂山区林蔚小学　刘晓晨

【目的】

1.通过观看图片、小组讨论等，学生能了解粮食相关知识，体会其来之不易，开展光盘行动，在日常生活中落实勤俭节约的行为。

2.通过观看视频、榜样学习，培养学生分辨能力，养成俭以养德、从自己做起的好习惯，引导学生将行动落到实处。

3.结合习近平总书记对制止餐饮浪费做出的重要指示和新冠肺炎疫情的影响，培养学生爱惜物品、节约用水用电的好习惯以及浪费可耻、节约为荣的好品德。

【准备】

1.课前调查：一顿有荤有素的晚餐最少要花多少钱？

2.PPT、视频短片、小组任务单（查找国内外节俭的典型事例）、调查表。

【学情分析】

学生勤俭节约意识比较薄弱，但是他们已具有一定的是非判断能力。本次班队会可使学生懂得勤俭节约的重要性，培养他们从小事做起、从自己做起、不浪费的好习惯。

【过程】

一、热身导入

1.学生交流：一顿有荤有素的晚餐最少要花多少钱？

设计意图：通过课前准备活动，让学生进行交流，树立学生的金钱观念以及引导学生思考什么是节俭。

游戏说明

2.小游戏：不知岛探险游戏

设计情境，学生是不知岛探险游戏的幸运玩家！下面是目前已知情报和全部物资，但要求玩家先划掉三样最不需要的物资，再留下三样最需要的物资，并写出选择或者不选择的原因。

设计意图：引导学生了解"俭"的内涵：即去掉不需要的东西，留下最需要的东西，并通过课前热身放松，激发兴趣。

二、引入主题

师：大家如何看待勤俭节约的？何为"勤"？"俭"的目的是什么？

1.看图片，提出问题

师：当你拿起馒头，首先会想到什么？是不是它的味道？这个馒头好不好吃，甜不甜？你有没有想过，这个馒头是怎样来到手上的？在它身上，究竟有多少故事？那么，就让我们刨根问底，看看馒头的由来吧！

馒头是怎样"炼"成的？（小组讨论，代表发言，归纳小结，形成答案）

2.观看视频，思考交流

师：在中国，每年生产的粮食中有35％被浪费，餐桌外的浪费就高达700亿斤，接近我国粮食总产量的6％。我国还有1亿多农村扶贫对象、几千万城市贫困人口以及其他为数众多的困难群众。然而，中国人每年在餐桌上浪费的粮食价值高达2000亿元，被倒掉的食物相当于2亿多人一年的口粮。2020年新冠肺炎疫情让很多菜民几十万的蔬菜无人问津、很多餐饮业、旅游业的员工都面临着失业……

（小组讨论，交流收获与感想）

设计意图：了解学生的思想动向，提升其对勤俭节约的认识，并让学生了解当前中国形势。

三、节俭故事，辩论比赛

师："俭，德之共也；侈，恶之大也。"古今中外关于勤俭节约的故事不胜枚举。（介绍节俭故事和网络吃播事件，联系实际引导学生进行辩论）

1.节俭故事

（1）四菜一汤的朱元璋。

（2）周恩来总理勤俭节约。

师：周恩来总理勤俭节约的故事妇孺皆知，成为美谈。他一贯倡导勤俭建国、艰苦奋斗，要求"一切招待必须是国货，必须节约朴素，切忌铺张华丽、有失革命精神和艰苦奋斗的作风"。

2.小组讨论

师：网络吃播兴起，"大胃王"层出不穷，但他们真的能吃下那么多食物吗？答案是不能。他们一边吃一边吐，既伤害了自己，又浪费了食物。其实，食物浪费不仅存在于这些"网红"中，也存在于我们周围人的身上。

小组讨论：当出去吃饭时，当参加朋友、家人宴请时，当点外卖时，当我们中午在学校用餐时，是否做到了光盘？

光盘行动宣传图

光盘行动宣传图

3.联系实际，深化认识

遇到下面情况，怎么办？

A. 你整理房间的时候，发现家里有许多废旧报纸

B. 练习本正面用完了

C. 你的衣服不小心被钉子挂了一个小洞

D. 外出吃饭，还剩下很多食物

4.辩论环节

师：勤俭节约是小气的表现吗？

（以小组为单位，分组辩论，教师小结）

设计意图：出示国内外的勤俭节约典型事例和生活中的浪费现象，引起学生思想上的共鸣。通过近期的网络吃播事件，引导学生进行"光盘行动"；通过联系实际和分组辩论，引导学生在不同的情况下学会勤俭节约。

一、小小调查员

师：调查一下，浪费现象有哪些？应该怎样从身边的小事做起，勤俭节约？你有哪些金点子？

（小组讨论分享）

	亮亮	……	……	……
吃饭时吃多少盛多少，不扔剩饭剩菜				
洗手洗脸后关水龙头				
用洗米水、煮面汤、过夜茶清洗碗筷				
出门吃饭少用一次性筷子				
将废弃纸张的另一面作为草稿纸用				
做到不开无人灯（外出上课、中午吃饭）				
教室光线充足时，把灯关掉				
尽量少用塑料袋，用菜篮子或纸袋购物				
到饭店吃饭时，点饭点菜不浪费，若有剩余 要尽量带回家				
……				

设计意图：引导学生反思在日常生活中的浪费现象，并学习勤俭节约的具体办法。

二、我是"勤俭节约宣传员"

利用思维导图制定具体措施，制作完成后将其将张贴在校园内。

设计意图：通过思维导图，引导学生为勤俭节约想"金点子"，并落

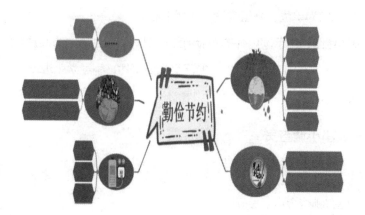

思维导图

到实处。

【总结】

勤俭节约是中华民族的美德。习近平总书记强调，要进一步加强宣传教育，在全社会营造浪费可耻、节约为荣的氛围。所以，少先队员要从小培养勤俭节约的好习惯，这样，长大后才能更好地建设我们的国家。

【作业设计】

1.向家人、朋友宣传节约粮食的重要性，不做"舌尖上的浪费"。(必做)

2.争做节约节俭的"小标兵"，节约每一粒米、每一滴水、每一度电。(必做)

3.组织"节约每一滴水、珍惜每一度电、节省每一张纸、不浪费每一粒粮、不乱花每一分钱""五自查、五自律"活动，每个同学写出自查纠错报告。（选做）

弘扬抗战精神，传承红色基因

青岛市崂山区东泰小学　刘春燕

【背景】

　　红色文化作为中华民族优秀传统文化的一部分，是中国共产党人发展之根，是民族文化传承之本。但是，随着时间的推移，当代青少年传承红色文化正处于一种令人尴尬的境地：据有关资料，能吟诵红色经典诗词的学生不到10％，不知道抗战英雄的学生大有人在，"恶搞"英雄人物的现象也时有发生，这不能不引起教育工作者的忧虑。

　　2012年，全国少先队工作委员会颁发《少先队活动课程指导纲要》（试行稿），2014年，又推出《少先队活动课指导纲要》以及分年级活动课建议。根据少先队活动课程的指导方向，结合少先队活动课分年级活动建议中的"学习榜样""红领巾心向党""祖国发展我成长"活动，以少先队中队活动为载体，开展"弘扬抗战精神，传承红色基因"少先队活动，可引导少先队员重温历史，进一步了解革命先辈为实现民族独立与解放的梦想英勇奋斗的故事；以革命先烈为榜样，在平日学习生活中继承和发扬革命精神，从身边点滴小事做起；提高少先队员的自主学习能力，拓宽视野；发挥少先队员团队协作的能力，提高少先队员的合作意识。

以"弘扬抗战精神，传承红色基因"为主题，突出立德树人，以纪念中国抗日战争胜利暨世界反法西斯战争胜利75周年为契机，带领学生重温"红色记忆"，追寻"红色足迹"。挖掘传统节日的文化和精神内涵，弘扬中华文化、爱国主义精神、中华民族的优秀传统，建设中华民族共有精神家园。教育和引导青少年通过阅读革命传统故事、观看"红色电影"、走访革命后代、开展红色旅游等方式牢记中华民族抵御侵略、奋勇抗争的历史，学习宣传抗日先烈的英雄事迹。回顾党带领广大人民群众艰苦奋斗的光辉历程，引导未成年人缅怀先辈，铭记革命先烈光荣事迹，倍加珍惜今天幸福生活，增强热爱祖国、热爱人民、热爱中华民族的情感，从小立志为实现中华民族伟大复兴的中国梦而奋斗。

【参加人员】

六年级全体学生

【准备】

1. 搜集抗战资料。

2. 搜集整理家乡革命先烈的英雄事迹。

3. 学唱革命歌曲。

4. 搜集或自创革命小诗。

5. 观看红色电影、阅读红色书籍，写出观后感或读后感。

【过程】

1. 主持人引入

男：春天，万物复苏，盎然春意。

女：春天，是最令人向往的季节。

男：人们总不会忘记，祭扫烈士墓，缅怀革命先烈——

女：看烈士事迹，学烈士精神，踏上红色之旅。

男：看到了吗，聆听了吗，感受到了吗?

女：革命烈士的英勇和今天的美好生活来之不易!

男、女：我宣布"弘扬抗战精神，传承红色基因"主题班会现在开始。

男：你们知道4月5日是什么节日吗?

女：对，是清明节。清明节是中国人纪念先辈的节日。说起清明节的来历，我们会想起一个人——介子推。下面，让我们来听一听介子推的故事吧。

2. 介子推的故事

男：原来，清明节的来历是这样的。我也想考考你，清明节有哪些习俗?

女：我知道! 清明节时有许多人要出去扫墓。

男：除了扫墓还有什么呢?

介子推

设计意图：学生搜集、讲述清明节的由来，更能深入理解清明节的文化内涵。

3. 清明节习俗介绍

（1）清明节最主要的一项活动就是祭祖扫墓。这一习俗相沿已久，据史书记载，秦汉时，墓祭已成为不可或缺的礼俗活动。古人有描写清明扫墓的诗，唐代诗人杜牧写道："清明时节雨纷纷，路上行人欲断魂。"这些诗句十分真切地反映了当时清明扫墓时的情景和氛围。为什么要在清明扫墓呢? 这大概是因为冬去春来，草木萌生，人们想到了先人的坟茔。在祭扫时，给坟墓铲除杂草，添加新土，供上祭品，燃香奠酒，或在树枝上挂些纸条，举行简单的祭祀仪式，以表示对死者的怀念。

（2）清明节的习俗是丰富的，除了讲究禁火、扫墓，还有踏青、荡秋千、插柳等一系列风俗活动。相传，这是因为清明节要寒食禁火，为了防止寒食冷餐伤身，所以大家参加一些体育活动以锻炼身体。因此，这个节日中既有祭扫的悲酸泪，又有踏青的欢笑声，是一个富有特色的节日。

（3）放风筝也是清明时节人们所喜爱的活动。每逢清明时节，人们不仅白天放，夜间也放。夜里，在风筝下或在拉线上挂上一串串彩色的小灯笼，像闪烁的明星，被称为"神灯"。过去，有人把风筝放上蓝天后，便剪断牵线，任凭清风把它们送往天涯海角。据说这样能除病消灾，给自己带来好运。

设计意图： 直观的画面、具体的资料介绍，可以让学生感受清明节的氛围，领悟清明节祭祖扫墓的人文内涵。

4.讲述家乡革命先烈的英雄事迹

女：自古以来，清明扫墓不光是纪念自己的祖先，对历史上为人民立过功的革命先烈，人民都会纪念他。

男：许多革命先烈的事迹流传至今，激励着一代又一代的人。下面就

革命先烈

让我们一起来追寻烈士的足迹吧。

①王尽美的故事②邓恩铭的故事③徐子兴的故事

④周浩然的故事⑤严力宾的故事⑥杜雨的故事

设计意图： 通过寻访战斗英雄事迹，缅怀革命先烈，重温革命情怀，同时让学生了解家乡的发展历史与现状，感悟今日的美好生活是革命先辈们用鲜血和生命换来的，要珍惜生活，勇担责任。

5. 诗歌朗诵《追忆我心目中的英雄》

6. 革命歌曲欣赏

歌曲：《保卫黄河》《学习雷锋好榜样》《我们是共产主义接班人》。

男：先烈的故事，我们记在心里。今天的幸福生活来之不易，是无数革命先烈用生命和鲜血换来的。先烈的精神永远值得我们学习。

女：先烈的爱国精神让我们动容，更应在我们身上延续。让我们继承先烈的遗志，为祖国的繁荣富强而努力学习，共创美好明天。

男、女："弘扬抗战精神，传承红色基因"主题班会到此结束。

7. 中队辅导员讲话

在主题班会中，大家既了解了清明节的知识，又知道了一些为祖国、为人民抛头颅、洒热血的英雄先烈的事迹。1931年9月18日，日本发动了侵华战争，14年间超过3500万中国军民伤亡，山河飘摇，家国难安。1945年8月15日，日本天皇裕仁以广播《终战诏书》的形式，向公众宣布接受无条件投降。这一胜利，是3500多万同胞以鲜血和生命为代价换来的，是无数革命先烈用生命和鲜血换来的。因此，我们都不应该忘记，今天的幸福生活来之不易，先烈的精神永远值得我们学习。希望每一个人都能发扬先烈的革命精神，在今后的学习和生活中做一个正直无私的人，努力学习，刻苦钻研，真正做到"今天我以东泰小学为骄傲，明天东泰小学以我为骄傲"，长大建设祖国，报效祖国。

好习惯养成记之自律篇

青岛市崂山区华楼海尔希望小学　姜　艳

【导入】

1.事件回顾（图片）

师：同学们，最近这段时间给我们触动最深的就是这场突如其来的新型冠状病毒疫情。疫情当前，全国上下齐心协力，坚守在自己的岗位上共克时艰。全国人民自行居家隔离，人人自觉佩戴口罩；全国停课不停学，"空中课堂"里，所有师生都在认真上好每一节课……

2.提出问题

师：是什么让全民安心留在家中？是什么让人们出行自觉佩戴口罩？又是什么能使师生在家上好每一节"空中课堂"？

学生妈妈：因为人们很自觉。

学生爸爸：做到了自我约束。

学生姐姐：是严格要求自己。

3.引出主题

师：在没有人现场监督的情况下，自己也要严格要求自己，主动地、自觉地遵循法律法规，约束自己的一言一行，这就是自律。

【展开】

在做一件事之前，要判断这件事是好是坏，自律也是一样。自律的人能控制自己，不去做不该做的事，拥有自我管理的能力。也正因为这个原因，他们能按时完成计划，按时做接下来该做的事。

（一）在生活中感受自律

师：孩子们，在生活中你留心过哪些自律的事例？（学生谈对"自律"的理解）

生1：爸爸工作的单位是"无烟绿色单位"，所以爸爸自觉戒烟。

生2：乘坐地铁时，不能在地铁里吃东西。坐地铁时，发现大家都很自觉。

生3：青岛是美丽的卫生城市，人们在公共场合都自觉保持卫生整洁。

生4：在医院不允许大声喧哗。就医时发现，人们都很自觉地保持安静。

生5：去商场购物交费时，人们都会自觉排队，秩序良好。

生6：马路上，人人都自觉遵守交通规则，所以减少了交通事故，避免悲剧的发生。

师小结：就像大家所说，生活当中，自觉戒烟、主动保持公共卫生、自觉排队、遵守公共秩序等都是人们自律的表现。可见，社会有序发展真的是离不开自律。大家可以想象一下，如果每个人都不自律，这个社会将会变得多么可怕。所以，人人都需要养成自律的习惯！

（二）小学生的自律

一个人的自律是从小培养起来的。小学生该在哪些方面做到自律？

1.学习方面的自律

师：同学们，在学习方面的自律，你们都做到了吗?

生1：我们在课堂上自觉遵守纪律，认真听讲，不走神，不和前后桌的同学说悄悄话，才能集中注意力。

生2：写字时自觉地做到"头正、肩平、身直、足安"，注意握笔姿势，才能把字写好。

生3：课后自觉完成作业，巩固所学内容，才会让我们更棒!

师小结：是呀，自觉做到认真学习，是小学生在学习方面该有的好习惯。

2.行为习惯的自律

师：亲爱的孩子们，在美丽的校园里，你的自律又体现在哪里?

生1：我们要自觉遵守《小学生行为规范》，在走廊里要"轻声慢步靠右行"，做操、放学、乘坐班车都要自觉站队，集体活动有秩序。

生2：我们要自觉尊敬师长，团结同学，懂礼貌，讲文明，不打架，不骂人。

生3：我们要爱班如家，爱校如家，自觉爱护一桌一椅、一草一木，不乱扔垃圾，节约用水和用电。

师小结：看到一个个如此自律的你们，老师真的很欣慰!

3.日常生活的自律

师：在日常生活中，又有哪些方面需要自律?

生1：妈妈时常教导我要养成健康的作息习惯。我一直自觉地坚持早睡早起，所以从来不迟到，希望大家能跟我学习哦!

生2：同学们，饭前便后、玩完玩具和游戏的时候一定要认真洗手，可以用老师教给我们的"七步洗手法"，和我一起来做自觉的"卫生小达人"吧!

生3：同学们，地球只有一个。我们要爱护我们的家园，即使没有人看到也不能随手乱扔垃圾！与我一同做个自律的"环保小卫士"吧！

生4：尊老爱幼是我们中华民族的美德，常说文明用语也是我们的优良传统。我们不需要别人提醒和监督，一样能主动做好！

生5：我们乘坐公共交通工具的时候，要自觉排队上下车，做一个文明小市民！

生6：我们过马路的时候要自觉遵守交通规则，红灯停，绿灯行，过马路要走人行道。

师小结：同学们，让我们从身边的小事做起，培养自己的自律好习惯，成为一名自律的小学生。

【升华】

1.反例

师：然而，在学习生活中也有一部分同学很难做到自律。

学生举出反例：个别同学比较懒散；在学校打饭插队造成混乱；在图书馆里大声喧哗，打扰其他人读书；随手扔纸花，给环卫工人带来苦恼……自律人人都需要，也处处都需要。

2.小组调查

自律那么重要，我们该怎样来养成自律的好习惯呢？

通过小组调查发现，自律离不开长期的学习和磨炼。第一，要自我提醒；第二，要寻找榜样，见贤思齐；第三，可以制作一个学习、成长计划表，来敦促自己。这样慢慢地，我们也能在没有别人在场监督的情况下，严格要求自己。

3.结束语

孩子们，你们是祖国的未来，养成自律的习惯，将会受益终生。那就

让我们在心中播下自律的种子，从今天做起，从点滴做起，做一个自律的小学生。上完这节班会课，欢迎你制订一个学习成长计划，然后与大家分享你的成长故事！这节课就到这里，同学们再见！

诚信之花，悄然绽放

青岛市崂山区东韩小学　张　敏

【背景】

"爱国、敬业、诚信、友善"是社会主义核心价值观公民层面的价值准则，其中"诚信"是人类社会千百年传承下来的道德传统，也是社会主义道德建设的重点内容。

二年级的学生年龄较小，正处在价值观形成和确立的时期。这一时期的价值观养成十分重要。

【目标】

1.认知层面：让学生了解诚信的重要性。

2.情感层面：使学生深刻领悟社会主义核心价值观中诚信的内涵，明白诚信就要从自己做起，从小事做起。

3.行为层面：引导学生参与班会全过程，培养学生的组织、表达能力。

【准备】

1.课前，共同学习社会主义核心价值观的相关内容，做好准备。

2.编排情景剧，如角色的挑选和彩排。

【过程】

（一）导入班会

师：大家认识列宁吗？列宁是无产阶级革命家、思想家。我们一起来看一个列宁小时候的故事。（播放动画视频）

提问：看了这个故事，你知道姑姑为什么会原谅列宁吗？（生发言）

师小结：是啊，是列宁的诚实赢得了姑姑的原谅。我们也要向列宁一样，诚实守信，让诚信之花在我们心中绽放。"诚信之花，悄然绽放"主题班会现在开始。

（二）理解诚信

师：24字社会主义核心价值观，你知道它的基本内容是什么吗？（出示内容）其中，诚信是公民个人层面的价值准则。谁来说说什么是诚信，或者你认为一个诚信的人应该是什么样的？（生发言）

师小结：简单地说，诚信就是诚实、守信。

（三）深化理解

1.播放情景剧

师：请欣赏情景剧《后悔的小熊》

提问：看了这段表演，你明白了什么？如果你是小熊，你会不会这么

做？为什么？（生发言）

师小结：大家不会相信一个不诚实孩子所说的话，最后他会失去所有的一切。生活中，如果失去诚信，那么会失去朋友；学习时，如果弄虚作假，那么会一无所获。

2.小组展示

师：同学们，诚信是我们中华民族的优良传统。请同学们以小组为单位，将搜集到的诚信故事、歌谣等用你们喜欢的方式展示出来。（小组展示，评出优秀小组）

一组：朗诵小诗《诚信是什么》（伴奏）。

二组：讲故事《曾子杀猪》。

三组：朗诵《诚信歌谣》。

师小结：听了这么多，我想大家一定明白了一个道理：诚信是为人之本。在人生道路上，不管遇到什么风浪，我们都不能放弃。

（四）践行诚信

师：诚信的重要性不言而喻。请同学们以小组为单位，讨论一下，在我们平时的学习生活中，如何做到诚信呢？（每组派代表发言，其他同学补充）

师：这是一棵诚信树，你们想不想让它枝繁叶茂、硕果累累？请拿起手中的笔和诚信卡，将你的诚信做法写在诚信卡上，来"装扮诚信树"吧。

师：写完的同学，将诚信卡贴到诚信树上。（播放《诚信歌》）

师小结：谢谢同学们把诚信树装扮得这么漂亮。"勿以善小而不为，勿以恶小而为之。"诚信就体现在一点一滴的小事上，不能因为事小而不去做。

（五）班会小结

师：在这次主题班会活动上，我们了解了诚信的重要性，明白了诚信就要从自己做起，从小事做起。这次活动开展得很有意义，也很成功。就让我们种下一朵朵诚信的花儿，让花儿在我们心中悄然绽放吧。

厉行节约，反对浪费

青岛崂山新世纪学校　张　赛

【背景】

勤俭节约是中华民族的传统美德。中国古代便有"历览前贤国与家，成由勤俭破由奢"的说法。随着社会的进步，人们的生活更加富足了，浪费现象也频频出现。勤俭节约既是一种美德，也是一种精神，它不应以物质是否丰富为前提。希望通过此次主题班会，让学生更加明白勤俭节约的重要性和必要性。

【目的】

1.课前调查身边的浪费现象，学生初步感受到解决严重的浪费问题已迫在眉睫。

2.通过全班交流，让学生知道浪费可耻，集思广益遏制浪费的行为。

3.通过启动"节约小榜样养成记"这一活动，增强学生的节约意识，提高学生自身的素质，将"厉行节约，反对浪费"记在心中，更落实在日常行动中。

【准备】

1.学生准备：将学生分为5个组，每组在组长的带领下完成本组的任务。"问卷制作组"负责设计好调查问卷，并完成问卷填写；"学校调查组""家庭调查组"和"社会调查组"完成数据整理；"数据统计组"根据调查结果完成思维导图的绘制。

2.教师准备：根据学生整理好的数据完成课件的制作、设备的准备。

【过程】

（一）"放大镜"活动，揭露浪费

1.播放本班"校园小记者"拍摄的视频

（1）学生记者解说

生：同学们，我现在所在的位置大家再熟悉不过了。是的，就是学校的餐厅。大家跟随我的镜头来看，午餐过后，厨余垃圾桶里盛满了同学们吃剩的饭菜。还有好多没有吃完的馒头被扔在垃圾桶里，有的馒头只咬了一口就被丢掉了。面对这样的画面你有什么看法？（全班交流）

设计意图：用贴近学生生活的方式反映身边浪费粮食的现象，可以让学生直观地感受到浪费食物的现象是多么严重。

（2）全班交流

生1：同学们太浪费了，农民伯伯种粮食十分辛苦，每一粒米都包含了他们付出的劳动。我们不能这样浪费粮食。

生2：馒头只吃了一口就被扔掉，实在太可惜了。如果想吃馒头又吃不下，可以少要一点菜。

生3：我们每一个人都剩一点饭菜，每天学校里所有同学的剩饭剩菜累积起来就有两个大垃圾桶那么多。如果每天都浪费这么多粮食，天长日久真是不敢想象。

设计意图：通过交流，学生感受到"积少成多"给我们的生活、社会带来不少损失。

（3）教师小结

师小结：勤俭节约是我们中华民族的传统美德，也是我们民族精神的体现。今天这节班会课的主题就是"厉行节约，反对浪费"。

2.各小组汇报成果

（1）"问卷制作组"汇报

生：同学们，浪费现象远不止浪费粮食这一种。在课前，我们针对学校、家庭、社会中出现的浪费现象展开了"'放大镜'揭露浪费"的问卷调查。参加这次调查的65人包括学生、家长和老师。

"放大镜"揭露浪费调查问卷

调查方向	突出的现象	浪费的表现	造成的危害
学校			
家庭			
社会			

（2）"学校调查组"汇报结果

生：如图所示，学校中浪费现象较突出的是纸张浪费，占55％；粮食浪费占30％；卫生纸浪费占10％；其余的现象共占5％。

（3）"家庭调查组"汇报结果

生：家庭中浪费现象较突出的是水资源浪费，占58％；用电浪费占26％；粮食浪费占12％；其余现象共占4％。

（4）"社会调查组"汇报结果

生1：社会中浪费最突出的现象是用电浪费，主要是大楼外面的亮化造成的，占63％。这不仅会造成能源的浪费，还会形成光污染，给人们

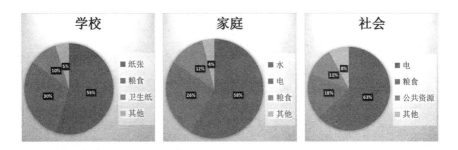

的生活带来不便。其次是粮食浪费现象，占18%。再次是公共资源的浪费，占11%，包括公共设施的损坏、侵占等。剩下的现象占8%。

生2：除了上面说到的现象之外，大家还提出了一些比较"新鲜"的浪费现象，比如攀比、盲目购物造成的钱财浪费，做事拖延、无所事事造成的时间浪费，不合理饮食造成的健康浪费等。

设计意图：学生参与调查活动，不仅能力得到了提升，更重要的是可以更加真切地感受到浪费现象的严重，激发学生思考解决此类问题办法的积极性。

"数据统计组"在听这三组学生汇报的同时，根据内容在黑板上将调查结果整理成思维导图。

设计意图：整理成思维导图后，各部分内容看起来更直观，也可以更加有效地梳理解决方法。

3.读名言，明事理

师小结：听了同学们的发言，我们可以更加深切地感受到节约是多么

重要。老师搜集了一些关于"勤俭节约"的名言，我们一起读一读，然后记在心里。（课件出示，学生齐读）

（二）巧动脑，杜绝浪费

1.情境模拟，杜绝粮食浪费

师：同学们，你们发现了吗？在这三部分当中都有一个粮食浪费，看来这个问题很普遍。接下来，我们进行一个情景模拟，看看你能否想出办法解决。

（1）学校：看到同学挑食。

（2）家庭：看到妈妈做饭，想起昨天晚上剩了好多菜。

（3）社会：家庭聚会后要离开酒店。

（每一组表演完后在思维导图中补充解决办法）

2.集思广益，杜绝其他浪费

生1：节约用纸，用完正面用反面，这样可以保护树木。

生2：节约用水，可以用洗脸、洗衣服的水擦地，用冲完拖把的脏水冲厕所……

（学生交流后，在思维导图中补充解决办法）

3.垃圾分类，先回收再利用

师：同学们，你们的办法又多又好。除了做到不浪费，你还有什么好方法让来充分利用资源？

生1：我们可以进行垃圾分类，把可回收物垃圾桶里的东西回收后再利用，如回收纸壳、旧报纸、易拉罐等后重新利用，这样就可以发挥它们最大的作用。

生2：进行垃圾分类还可以保护环境不被污染，比如废旧电池会对田地造成伤害。回收废旧电池之后统一处理，就不会对田地造成伤害了。

生3：垃圾分类后统一处理，就不用把垃圾投放到大海中，造成海洋污染，可以减少赤潮等灾害的发生。

设计意图：引导学生从多个角度思考，不仅做到节约资源，还考虑到资源的再回收利用问题，为可持续发展贡献力量。

4.读儿歌，长知识

师小结：同学们，你们说得都很对。我们不光要看眼前的利益，还要把眼光放长远。垃圾分类好处多多，你知道如何分类吗？读读儿歌吧。

（三）付诸行动，节约先行

1."节约小榜样养成记"活动启动

学生介绍活动要求：

（1）以一个周、一个月、一学期为时间点，根据自身情况制订养成计划，每完成一个阶段的任务进行自评和互评，获得两个"达成"即可进入下一阶段，如未完成本阶段的任务，则延长，完成后可进入下一阶段。

（2）完成一阶段将获得一枚奖章，学期末进行总结，颁发获奖证书。

2.签署养成计划书

3.交流与监督

在小组内交流自己的养成计划，并在日常生活中互相监督。

节约小榜样养成记计划表

三年级（　　）班签署人：＿＿＿＿＿＿

时间段	养成目标	实现妙招	达成情况	
			自评	互评
一个周			达成　未达成	达成　未达成
一个月			达成　未达成	达成　未达成
一学期			达成　未达成	达成　未达成

【总结】

师：亲爱的孩子们，希望你们把"勤俭节约"牢记心中，付诸行动，把中华民族的传统美德传扬到世界各地。最后，让我们在一首好听的《勤俭节约儿歌》中结束这次主题班会。

追念先烈，珍爱和平

青岛市崂山区实验初中　陈　靖

【目标】

1.通过播放侵华历史短片，让学生重温历史，铭记过去。

2.在配乐朗诵的熏陶和感染下，缅怀英烈，感悟和平的来之不易。

3.通过纪念仪式激发学生强烈的爱国热情，增强珍爱和平的意识。

【准备】

日军侵华历史图片与视频、第二次世界大战灾难数据、《我爱这土地》诗歌朗诵词、白纸、印刷有"纪念中国人民抗日战争暨世界反法西斯战争胜利75周年"的条幅、黑色签字笔等。

【过程】

一、班会课仪式

播放少先队队歌。（班长呼喊"全体起立"，高唱少先队队歌；少先

队员出队旗）

二、重温历史，铭记过去

（一）导入

主持人1：同学们，今天是2020年9月3日。1945年9月2日，由第二次世界大战战胜国组成的同盟国联合受降典礼在停泊于东京湾的美国军舰"密苏里"号上隆重举行。日本政府全权代表和大本营全权代表分别在投降书上签字，美国、中国、英国、苏联、法国、荷兰、澳大利亚、加拿大、新西兰的全权代表在日本投降书上签字确认，接受日本投降。投降书即刻宣告生效。至此，中国人民抗日战争胜利结束，宣告日本帝国主义彻底失败，世界反法西斯战争取得了完全胜利。2014年2月27日全国人大七次会议经表决通过，将9月3日确定为中国人民抗日战争胜利纪念日。

主持人2：70多年来，中国发生了巨大的变化：人均GDP提高到6万元以上，成为全球第二大经济体；成为世界制造业第一大国；人均预期寿命上升为77岁；对世界经济增长贡献率居世界首位；高铁3万千米，位居世界第一；居民享受新"四大发明"……从人民缺吃少穿，到国泰民安，惠及泱泱中华十几亿同胞，这本身就是一个伟大的奇迹！然而，耻辱的历史不能忘！下面，由博翰同学带领大家重温日军侵华的历史。

（二）历史"重现"

博翰同学代表小组，就日军1931年9月18日以及1937年7月7日发动侵华的历史史实进行汇报。（播放PPT）

一诺同学代表小组，就日军残杀中国百姓的历史事件进行汇报。

京逸同学代表小组，就南京大屠杀的历史事件进行汇报。

主持人2：看过了刚才的汇报，同学们有何感想？

生1：日本侵略者惨无人道。

生2：太可怕了，难以置信。

生3：我们不能忘记这样的耻辱。

……

（三）诗歌朗诵

主持人2：是的，任何一个中国人都不可能忘记这段历史。这段历史让我们清醒地看到了人性的沦丧，也加深了我们对这片土地的热爱。著名诗人艾青曾写下诗歌《我爱这土地》。请听诗歌朗诵《我爱这土地》。（科乐、可欣朗诵诗歌）

主持人2：从刚才的诗歌中，你听到了诗人怎样的情感？

生1：对祖国的挚爱。

生2：对侵略者的仇恨。

生3：对美好未来的渴望和向往。

主持人2：同学们说得很好。这首诗歌正是在1938年10月，武汉失守，日本侵略者的铁蹄猖狂地践踏中国大地时所作。作者和当时文艺界许多人士一同撤出武汉，汇集于桂林。作者满怀对祖国的爱和对侵略者的恨，写下了这首诗。下面，我们一起来朗诵这首诗，再次感受诗人那真挚的热爱以及对日本侵略者肆意践踏摧残祖国的愤恨。

三、缅怀英烈

主持人1：那段耻辱的历史是每一个中国人心里的伤疤。我们不能忘记当年的疼痛，更不能忘记为和平、为祖国、为未来而付出生命的英烈。同学们都知道哪些抗日英雄呢？

生1：杨靖宇。

生2：狼牙山五壮士。

生3：赵一曼。

主持人1：同学们了解过咱们青岛的抗日英雄吗？

生1：有。在青岛市芝泉路20号，太平山东南坡，与湛山寺相邻，有一座青岛市革命烈士纪念馆。馆内陈列第三部分属抗日战争时期（1937～1945年），展出了周浩然、郑子扬、杜雨等烈士与日本侵略者英勇战斗的事迹。（详细介绍周浩然、郑子扬、杜雨等烈士与日本侵略者英勇战斗的事迹）

主持人1：同学们，中国人民抗日战争是第二次世界大战的重要组成部分，也是反法西斯战斗的重要组成部分。勿忘国耻，是要明白从战火中走来的艰辛；缅怀英烈，是要懂得今天的和平来之不易。下面，就让我们一起用手中的白纸为逝世的英烈献上亲手制作的花，来表达对他们的深深敬意。（下发白纸，并在PPT的指导下制作花）

（二）献花缅怀

由两名同学在教室前方拉起印有"纪念中国人民抗日战争暨世界反法西斯战争胜利75周年"字样的横幅。

主持人1：下面请同学们把制作的花用别针别在横幅的上下方。（学生依次别花）

主持人2：全体肃立，为逝去的英烈默哀一分钟。（播放音乐）

四、珍爱和平

主持人1：同学们，今天的纪念仪式到此告一段落。我们来听听老师想说些什么。

师：同学们，75年前的停战受降在今天仿佛还历历在目。我们纪念抗日战争，纪念反法西斯战争胜利75周年，不仅仅是为了勿忘国耻，缅怀英烈，更是为了将来的和平。这75年的风雨历程，大家经历的仅仅是最近的十多年。然而，这十多年的祖国正经历着沧桑巨变。作为新时代的你们，应该做些什么呢？

生1：好好学习，天天向上。

生2：珍惜现在的大好时光。

生3：做好自己。

……

师：大家说得都很好。梁启超先生在《少年中国说》里说得好："故今日之责任，不在他人，而全在我少年。少年智则国智，少年富则国富；少年强则国强，少年独立则国独立；少年自由则国自由；少年进步则国进步；少年胜于欧洲，则国胜于欧洲；少年雄于地球，则国雄于地球。"（出示PPT，并组织同学们齐声诵读）

师：同学们，短暂的班会课即将结束。希望每一位同学都能够做好自己，带着梁启超先生对于少年的期望，让祖国更强大，让世界的每一个地方都和平，没有战争。（播放《少年中国说》）

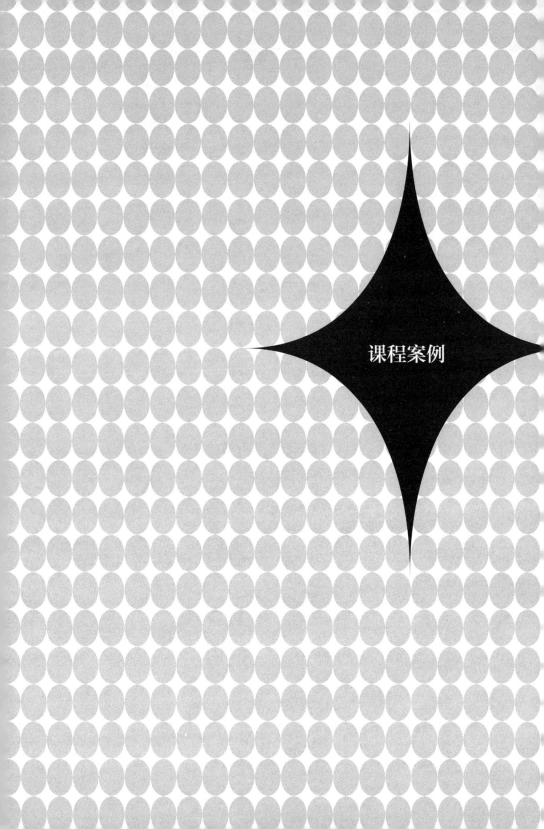

课程案例

芦苇战"疫"

青岛市崂山区金家岭学校　高祥虎

【课程背景】

新冠肺炎疫情是一场关乎祖国乃至世界的大灾难，每个人身在其中也深陷其中。《国歌》里唱"中华民族到了最危险的时候"，这样的"危险时候"没有确指，无疑包括现在这样的时刻！所谓"危若累卵，羽檄争驰无少停"。

我们的国家母亲正在艰难地抗争着。增长的确诊数字，并非与我们无关，那是我们一个个同胞与死神抗争的哀号和痛苦，那是一个个生命之星陨落的教训和启示，那是一个个家庭的焦虑和破碎。

而此刻，无数的医生、护士、警察、战士……那一个个普通人的逆行背影，正在为这场战役拼尽全力，无惧无畏，不屈不挠！有人说，一场灾难，为一个个普通如你我的善良人树起了丰碑；而一个个感人的故事，如我们日常捧读的《女娲补天》《精卫填海》《大禹治水》《夸父逐日》的精神齐肩！这些，都应该也最该让我们的孩子看到、明白、体悟，这样未来才有希望。

学生不仅要学习，还需要和他们所属的时代同频共振。这将是他们一生宝贵的经历与财富。

【课程目标】

1.能利用简单的图表知识对病毒的传播过程和趋势进行描述和分析；能运用所学知识，分析新冠肺炎疫情产生的原因及造成的影响。

2.认识病毒、冠状病毒的特征、传播方式、危害以及如何预防等相关生活科学知识，运用绘图、语言描述、写科普童话等方式交流、分享。

3.自主运用所探究的相关知识，策划、设计疫情小专题，通过PPT宣讲和视频制作等，参加班级的活动。

【核心任务】

（一）核心任务设计

依据目标构想，设计了"童言童眼话疫情"小主播评选活动，把争做战"疫"小主播作为这次小课程的核心任务，也是作为这一课程评价的重要凭借。

（二）任务驱动进程分解

核心任务的完成，需要把课程实施的每一步要点梳理清楚。依据这一核心任务，在课程的建设和发展进程中，设计两个阶段性子任务：

1.关注疫情，用自己别样的方式参"战"，成为朋友圈的"疫情小卫士"。平台：微信朋友圈、教师个人公众号、学校公众号。

2.自主设计疫情主播专题，进行疫情主播评选。平台：开学展示评选或者延学期间的网络主播。

其中，任务1在于过程的组织，有情趣；任务2则指向任务的高阶目标，跨学科解决实际情景问题。

（一）任务蓝图设想

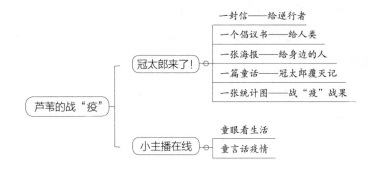

【实施】

（一）课程启动

战"疫"小课程，因为是基于生活实际生成的课程，所以依据学校的要求和社会实际状况，同时基于学生生命成长的需要以及核心任务的驱动，我们在寒假中调整了寒假学习的专题课程，下发了战"疫"课程任务单。

关注疫情，我们不"缺席"

疫情课程专题任务单（一）

这个年，因为那个"戴着花冠"的家伙四处"作祟"，我们只好"宅"在家里……而真实的生活，就是我们学习的课程资源。下面是近期调整的假期学习任务单，请各位同学认真完成：梳理对这场疫情的科学认知，表达我们的内心感动，用文字、图画、图表等各种方式来展现所见所感，然后在班级群里展示交流。当然，你的这份特别作业，也有可能会出现在学校公众号里，一不小心可能成为朋友圈的"别样红"。当然，这些都不重要，重要的是面对生活，我们能有所思考，有所认知，有所行动。或许，这是这场严峻疫情带给我们的成长！

1.给奋战在抗击疫情一线的白衣天使，给那些奔赴武汉的抗击疫情的逆行者写一封信，或者写一首小诗，表达对于他们的感激和崇敬之情。

2.查看有关疫情起因的资料，结合你的思考，写一封关于人与自然、动物如何相处的倡议书。

3.制作科普海报，涉及关于新型冠状病毒基础知识、预防以及如何正确佩戴、回收口罩等方面的内容。可以选取其中一方面，重点来梳理。

4.关注每天公布的全国各省确诊人数、新增确诊人数、疑似病例、治愈人数等信息，制作成统计表或统计图，并进行分析。可以每天在群里发布自己的统计与分析。

备注：大家也可以从自己的关注点出发，自主设计疫情专题作业。

疫情课程专题任务单（二）

顶着美丽的花冠，邪恶的病毒寻找新的宿主，它开始酝酿着一个出逃计划。时间，就在一年一度大迁移（中国农历春节）……

请大家查找有关新型冠状病毒的产生、传播、危害、预防、杀灭等相关知识，发挥想象，创编一个科普童话，以"冠状病毒出逃记"或者"覆灭记"为线索，串起相关知识，联系社会现状，相信这将是一部具有现实意义的科普童话。不知会诞生在哪位同学笔下呢？

可以参照这样的题目：

第一章　邪魔冠太郎现世

第二章　冠太郎的邪恶计划

第三章　四处游荡的冠太郎

第四章　遭遇白衣大侠集结

第五章　伪装出城

第六章　激战火神山、雷神山

……

疫情课程专题任务单（三）

疫情严峻，学校延学。我们结合核心任务，安排了疫情课程小主播活动，请大家积极准备，以自己的方式，继续战"疫"！

1.播讲顺序

每天三位同学。轮流做疫情小主播，大家自主排定。2月15号把排好的同学顺序，发到群里。

2.播讲时间

见延学课程表。

3.播讲方式和内容

以前期课程作业作为制作展播的资源材料，每人十分钟，自主进行专题设计、内容选择，也可以合作完成。

最后，我们要评选出优秀小主播。

(二)任务成果展示

1.硕果累累

在课程任务单的引导下，同学们关于疫情的见闻、思考，通过一篇篇、一幅幅小作品，呈现出独特思考和别样成长。学生课程任务成果整理在我的工作室公众号上，得到了教师、家长的肯定。隔日，学校公众号重新整理推出，之前给孩子们的作业愿景，"不小心走进学校公众号里"得到兑现！

2.公众号文章展示的部分成果

一首小诗OR一封信

从新型冠状病毒的出现，到如今它从武汉到全国乃至世界，四处游荡。恐惧笼罩，有人选择坚守，有人选择逆行。武汉的医务工作者与家人见上一面，成为一种"奢侈"；在春节这样一个团圆的时刻，一批批来自全国的"白衣战士"，给自己的父母、孩子留下一个坚定前行的背景。"哪有什么白衣天使，不过是一群孩子换了一身衣服，学着前辈的样子，治病救人，和'死神'抢人罢了……"

我们感动，我们崇敬。我们给奋战在抗击疫情一线的"白衣天使"，给那些奔赴武汉的抗击疫情的"逆行者"，写下这样一首小诗——

凝聚

机场关闭！

铁路关闭！

商场关闭！

村庄关闭！

突如其来的病毒，

让病人只能被孤独地隔离。

突如其来的病毒，

让亲人只能远远地守望和希冀。

突如其来的病毒，

让街道无比冷清，

家家大门紧闭。

——隔离成为最大的真理！

是否，我们只有隔离，

是否，隔离就意味着懦弱和躲避？

不，

身体拉开距离，

奋斗让我们凝聚！

一声号令，

白衣天使新衣换白衣，

远赴无声无息的阵地。

一声号令，

一个星期建一所医院，

一批批物资源源不断地送到这里。

一声号令，

寂寞的大街小巷穿梭着忙碌的身影——无声无息。

这是向病毒的宣战！

这是向世界的宣告！

隔离让我们更加紧密地团结在一起。

病毒，

我们无所畏惧！

14亿人的心凝在一起，

14亿人的力量凝聚在一起，

那就是我们为之奋斗的胜利！

（芦苇班刘蕊嘉）

我们感动，我们崇敬。我们给奋战在抗"疫"一线的白衣天使，给那些奔赴武汉的逆行者写了一封封饱含深情和祝福的信。

一篇倡议书OR一幅漫画

我们搜索到让历史铭记的世界十大瘟疫，读懂了每个惨痛的事件，是偶然中蕴藏的必然；我们搜集、学习关乎本次疫情起因的资料，结合自己的思考，写下一篇篇关于人与自然、人与动物和谐相处的倡议书；我们用漫画的形式，表达人类该有的反省。

一张海报OR一张图表

新型冠状病毒，这是一个刚刚被发现的小"恶魔"。怎样认识它？怎样预防它？在一波又一波"恶魔"面前，人类该有怎样的态度？我们产生了哪些思考？查找收集相关资料，我们有了自己的理解，制作海报，投身科普行动，让更多的人了解真相，用科学武装头脑，这就是"芦苇"的态度。

我们关注每天公布的全国各省确诊人数、新增确诊人数、疑似病例、治愈人数等信息，制作成统计表或统计图，并进行分析。每天在群里发布自己的统计与分析，表达我们的关切，"芦苇们"用科学的方式理性面对真实的疫情。

一篇童话

当然，一定还有特别文学的表达。小"芦苇们"从自己的关注点出发，自主设计疫情专题作业。请看——"顶着美丽的花冠，邪恶的病毒寻找新的宿主，它开始酝酿着一个个出逃计划……"

同学们将查找有关新型冠状病毒的产生、传播、危害、预防、杀灭等相关知识，经过创作想象，编成科普童话，以"冠状病毒的出逃与覆灭"为线索，串起相关知识，连接社会现状，一部具有现实意义的科普童话正在芦苇们的笔下酝酿……

3.童言童眼话疫情

疫情严峻，学校延学。我们结合核心任务，有了这样的安排。我们安排三位同学轮流做疫情小主播，以"童言童眼话疫情"作为课程的核心任务进行展播、评选。

学生以前期的课程作业为制作展播的资源材料。从专题设计、内容选择，到播讲的形式，学生要自主设计或合作完成，是学生各种能力的综合体现。他们还自己排定播讲顺序，安排得井然有序。千书同学作为第一个出场的孩子，曾三次发来改过的PPT，精心备讲。这就是这次课程带给孩子们的成长吧！

疫情终究会过去，没有一个严冬不能跨越，没有一个春天不会到来！疫情过去，当我们回首这段往事，留下的不仅仅是心悸和反思，一定还有孩子们曾经通过这样一个个小的生活化课程，带给我们的共同成长。

借用学校公众号的一句编后记结束本文：战"疫"已打响，严峻的现实摆在每个人面前。芦苇班的师生们，用这样的方式"参战"，他们的感知、他们的思考、他们的行动……他们在这场疫情中无声无息地成长！